나는
탐구보고서로
대학 인문계 간다

나는 탐구보고서로 대학 간다_인문계

펴낸날 2020년 5월 10일 1판 1쇄
2020년 8월 10일 1판 2쇄

지은이 _ 김채화·배수정·정동완
펴낸이 _ 김영선
책임교정 _ 이교숙
교정·교열 _ 양다은, 안중원
기획 _ 이영진
경영지원 _ 최은정
디자인 _ 박유진·현애정
마케팅 _ 신용천

펴낸곳 (주)다빈치하우스-미디어숲
주소 경기도 고양시 일산서구 고양대로632번길 60, 207호
전화 (02) 323-7234
팩스 (02) 323-0253
홈페이지 www.mfbook.co.kr
이메일 dhhard@naver.com (원고투고)
출판등록번호 제 2-2767호

값 16,800원
ISBN 979-11-5874-071-9 (43370)

이 도서의 국립중앙도서관 출판예정도서목록(CIP)은 서지정보유통지원시스템 홈페이지(http://seoji.nl.go.kr)와 국가자료공동목
록시스템(http://www.nl.go.kr/kolisnet)에서 이용하실 수 있습니다.(CIP제어번호 : CIP2020015492)

EBS
교원연수
공식교재

나는
탐구보고서로
대학 인문계 간다

하룻밤에 작성하는 탐구보고서

김채화 · 배수정 · 정동완 지음

미디어숲

추천사

이번에 출판하는 '나는 탐구보고서로 대학간다(인문계편)'은 만들어주는 R&E 가 아니라 학생이 자기주도적으로 자신의 진로 분야를 선택하여 직접 탐구하는 프로젝트 안내서다. 이 책의 강점은 영역별로 풍부한 사례를 담고 있다는 것이다. 학생들이 이 책만을 보고도 스스로 할 수 있다는 자신감을 주는 '스스로 학습서'다. 전문 분야를 탐구해보는 것은 의미 있는 작업이지만 실제 실행하기에는 막막함이 있다. 이 책은 바로 그 '막막함'을 풀어줄 수 있는 해법서가 될 것이다.

조훈, 서정대 교수

한편의 탐구보고서를 작성하는 것은 주제선정–계획수립–보고서작성–발표에 이르는 지적호기심의 완성과정이다. 이런 절차를 논리적으로 해결해 나가는 것은 자기주도학습의 희망이다. 탐구보고서 주제찾기와 탐구보고서 작성사례 그리고 연계활동 가이드는 알찬 내용전개를 약속하고 있다. 몇 번이고 읽어 보아야 할 책이다.

정남환, 호서대 교수(입학사정관)

현대사회에 필요한 인재의 기준이 정보를 활용하고 논리적으로 분석하여 기존의 정보를 재해석하는 사람으로 변화하고 있다. 이는 대학입시에도 그대로 적용되어 희망하는 진로와 연계된 준비를 얼마나 잘 해왔는지 평가하고 있다. 이러한 맥락에서 볼 때 탐구보고서는 그 중심에 있다. 하지만 이를 쉽사리 접근하는 것은 녹록치 않은 일이다. 하지만 이 책에 있는 순서와 사례를 참고한다면 스스로 탐구보고서를 쓰는 역량이 성장될 것이다.

김홍경, 안산광덕고 교사

학생부종합전형의 핵심은 교과 수업과 학교활동 연계를 통한 학생의 성장과 발전이다. 따라서 교과나 학교활동에 연계한 탐구활동은 중요한 역할을 한다. 이 책은 그간 탐구활동을 어렵게 생각하여 탐구보고서의 방향을 정하지 못한 학생들을 위한 지침서가 될 것이라고 생각한다.

김두용, 영남고 교사

탐구보고서 A부터 Z까지 다 담긴 책이다. 이 책은 탐구활동이 바로 공부라는 사실을 바탕으로 학생들이 평소 궁금해하는 다양한 탐구주제 사례를 담았다. 주제 선정에 어려움을 겪고 있는 학생들에게 이 책을 추천한다. 이 책 속의 사례를 따라하면서 자신만의 탐구보고서를 만들어보자!

김승호, 청주외고 교사

막상 쓰려면 시작부터 고민하게 되는 탐구보고서! 주제를 정하는 것도 어렵고 자료는 또 어디서 찾아야 할지 막막할 때 꼭 필요한 책이다. 『나는 탐구보고서로 대학 간다』를 통해 주제 선정과 자료 조사방법 그리고 실제 작성 사례까지 탐구보고서를 준비하는 친구들에게 단비와도 같은 책이다.

김형준, 서울숭의여고 교사

인문계열 학생들이 탐구보고서 작성할 때 가장 어렵게 느끼는 점은 사례나 주제를 찾는 것이었다. 주제찾기 자체가 힘들어 시도만 하다가 끝날 때도 있었다. 그런데 이 책은 다양한 소재들을 계열별로 찾을 수 있도록 아이디어가 제시되어있어 학생들에게 큰 도움이 될 것 같다. 또한 학생들이 교과서와 연계하여 자신의 희망 전공을 확장하는 계기가 될 수 있어 좋다고 생각한다. 그리고 학생들을 지도하는 선생님들께도 이 책을 추천한다.

손평화, 거창고 교사

교과세부능력 특기사항의 중요성이 더욱 부각되면서 교과 선생님들이 학생들의 개별적 특성을 드러내주기 위해 노력하고 있다. 나도 탐구활동을 지도하면서 학생들의 주제 선택부터 내용의 깊이 정도에 대해 많은 시행착오를 겪었다. 이 책은 교과 선생님들뿐만 아니라 학생들의 탐구능력 향상에 많은 도움이 될 만한 주제들로 구성되어 있다. 넓은 스펙트럼의 주제들 사이에 여러 교과목들이 연결되어 있어 학생들에게 탐구보고서의 가이드라인을 잡아 줄 것이다.

정유나, 화천정보산업고 교사

당장 대학교에서 원하는 인재가 누구인가? 자기 주도적이고 말 잘하고 창의적이면서 인성까지 좋은 학생. 이 모든 것을 하나로 표현해 낼 수 있다면 얼마나 행복할까? 2015 개정 교육과정 '탐구보고서'를 통해서 자신을 어필할 수 있는 시대. 이왕이면 다양한 사례를 통해 다듬어진 탐구보고서를 작성해야 한다. 이 책은 그 시작의 첫걸음이 될 것이다.

강성진, 충북국원고 교사

학교에서 소논문 쓰기가 유행이다. 학생이 논문을 작성해본다는 것은 매우 좋은 경험으로 학생 스스로 관심 있는 주제를 선정하고 결과를 도출하는 과정 자체가 의미 있다. 현재 학교생활기록부에는 소논문이라는 말을 사용할 수 없다. 하지만 탐구보고서의 형태로 각 학교에서는 학생의 역량을 기르는 많은 활동이 이루어지고 있다. 때맞추어 『나는 탐구보고서로 대학 간다』의 출간은 자세한 계열별 탐구보고서 작성이 필요한 학생에게 지침서가 되어줄 것이다.

박상철, 경기흥진고 교사

중·고등학교 때 공부만 하다가 대학의 과제 시스템을 맞닥뜨리면 학생들은 당황한다. 또한 대학 졸업논문도 논문이란 형식에 맞춰 겨우 제출하는 게 현실이다. 하지만 중·고등학생 때 일상생활에서 필요한 주제를 정하여 소논문(또는 R&E)을 작성하는 습관을 기르게 되면 다른 학생과 차별화가 될 수 있다. 이 책은 대학 입학 전 탐구보고서 작성 능력을 향상시키는 데 큰 도움이 될 것이다.

노성빈, 서울항동중 진로진학상담 교사

탐구보고서를 시작하는 학생들에게 이 책을 다음과 같이 소개하며 추천한다. 첫째, 나의 학습을 유의미한 결과물로 변화시켜줄 안내서, 둘째, 나의 공부를 체계적인 탐구로 이끌어줄 가이드맵, 셋째, 나만의 진로를 탄탄하게 준비시켜줄 설계도!

이도영 교육학박사, 부산대·부산교대 교수

내가 어릴 때 이런 책이 있었더라면 진로를 정하는 데 큰 도움이 되었을 것이다. 책의 내용은 알짜배기들로 구성되어 있어 인문계열 탐구보고서의 정석이라고 봐도 무방하다. 특히, 사회과학 분야 탐구주제를 두루뭉술하게 설명하지 않아 진로를 찾는 학생들에게 등대 같은 책이 될 것이라고 확신한다.

변윤아, 부산대 한의대연구원

진학을 준비하는 학생들은 많은 고민을 가지고 있다. 가장 큰 고민은 고등학교의 활동 내용과 대학교의 학습 준비도를 연결할 전공적합성에 대한 문제이다. 그 문제를 해결할 열쇠는 탐구의 대한 선경험이다. 그리고 이 책이 그 경험의 길잡이가 되어 줄 것이다.

김대열, 수원여대 외래교수(입시통 대표)

학생부종합전형에서 학업역량과 전공적합성을 평가하기 위한 '탐구보고서'는 2015 개정 교육과정에서 여전히 중요하다. 교과지식을 특정주제를 정해 연구하고 그 과정에서 얻는 결과가 학생에게 긍정적이기 때문이다. 또한 실천적인 지식인의 변화를 동시에 엿볼 수 있기 때문에 해당 도서를 적극 추천한다.

전용준, 강대마이맥 입시전략연구소장

프롤로그

2015개정교육과정은 '문·이과 통합교육과정'이라는 이름 아래 모든 학생들이 인문·사회·과학기술에 대해 미래사회의 핵심역량을 기를 수 있도록 개정되었다. 이를 반영해 고등학교 사회, 과학 과목이 '통합사회', '통합과학'으로 과목명이 변경되었고, '사회문제탐구'라는 과목이 진로 선택과목으로 개설되었다. 이러한 교육과정 개정 배경에는 하나의 사회문제를 해결할 때 특정한 한 영역의 지식으로만 해결하기보다는 통합적인 안목을 가지고 다양한 지식들을 적용하여 문제를 해결해야 하는 4차 산업혁명시대의 현실이 담겨있다.

이에 발맞춰 현재 대학에서는 '학생부종합전형'으로 창의 융합형 인재를 선발하고 있다. 창의 융합형 인재란 '인문학적 상상력, 과학기술 창조력을 갖추고 다양한 지식을 융합하여 새로운 지식과 가치를 창출할 수 있는 사람'이다. 이에 따라 우리는 과목별 세부특기사항과 학교 자율활동, 독서 등 생활기록부 곳곳의 기록으로 학생 스스로 창의 융합형 인재임을 끊임없이 증명해야 한다. 이러한 증명의 방법 중 하나로 '탐구보고서'가 있다. 탐구보고서란 교과목과 학교생활에서 출발한 나의 호기심을 확장 및 심화하여 정리한 것이다.

그런데 많은 학생들이 아직까지 탐구보고서에 대한 오해를 가지고 있다. '탐구보고서는 대단히 학문적인 문제만을 다뤄야 한다. 과학처럼 실험을 할 수 없어 못한다'는 오해를 가지고 있는 것 같다. 탐구보고서는 그렇게 거창하지 않아도 된다. 수업 중에, 혹은 학교활동 중에 가지게 되는 다양한 호기심에서 출발한 것이 바로 탐구보고서이다. 장애를 가진 인물의 이야기가 담긴 영어교과서 지문에서 우리나라의 장애인에 대한 사회제도를 생각해보거나, 인터넷에서 무상교육, 무상급식의 기사를 보고 윤리 평등적 관점에서 생각해보면서 궁금한 점을 알아가는 과정을 글로 표현한 것이라고 생각하면 좋겠다.

탐구는 이렇게 우리 가까이에 있다. 특히 인문·사회 계열의 경우 기존의 지식들을 통합해 새로운 관점을 제시하거나 사회현상 일상 속의 생활문제를 해결하려는 노력으로 충분하다. 아니, 해결하려는 관점에서 사고하는 것만으로 충분하다. 그것이 탐구의 시작이며, 이런 활동을 지속하게 되면 지적호기심과 학업역량을 함양할 수 있게 되어 대학진학 후 학문을 배워가는 데 큰 힘이 될 수 있다.

이 책에서는 이렇게 일상생활 속의 다양한 문제를 교과서 지문과 최근 이슈, 독서, 시사상식, 학교활동, 유튜브와 같은 영상매체를 통해 어떻게 탐구보고서를 시작하는지, 목차는 어떻게 정하는지, 그리고 합격한 선배들의 실제 보고서를 통해 따라 해보면서 작성할 수 있도록 기술하였다. 선배들의 보고서 작성 후 느낀 내용들을 보면서 그 선배들의 동기나 노력한 점, 느낀 점을 읽으면서 간접경험으로 배경지식이 넓어짐을 느끼게 될 것이다. 이 책의 마지막 페이지를 넘길 때는 '나도 탐구보고서로 대학을 간다!'는 자신감을 가질 것이다.

또한 이 책은 탐구보고서를 처음 써 보거나, 더 잘 쓰고 싶은 친구들, 탐구보고서에 관심이 많은 학부모님과 현장에서 학생들을 지도해야 하는 선생님들을 위한 책이다.

김채화·배수정·정동완

⬡ 차례

📅 PART 1 탐구보고서의 모든 것

📅 PART 2 탐구보고서 주제 찾기

PART 3   탐구보고서 작성 사례

PART 4 탐구보고서 연계 활동

PART
1

탐구보고서의
모든 것

탐구보고서란 무엇인가?

수업시간에 배운 지식의 사실 여부 확인을 위해, 선행 연구 자료를 조사하거나 주제를 선정하여 이를 해결하는 일련의 과정을 '탐구 활동'이라고 한다. 이러한 탐구 활동을 통해 얻은 결과를 글로 정리한 것을 '탐구보고서'라고 한다.

탐구보고서, 진짜 공부의 시작

탐구보고서가 중요한 이유는 학생부종합전형의 평가기준인 자기주도성과 전공적합성, 학업역량을 모두 만족시키는 활동이기 때문이다.

"수업시간에 배운 내용 중 선행학습을 요하는 내용이어서 유도과정은 생략한다." 이런 글이 적혀있는 경우에 공식만 외워 문제풀이만 해도 되지만, 스스로 왜 이런 공식이 나오게 되었는지 관련 책이나 논문을 찾아보면 좋다. 그 과정을 통해 학생 자신의 우수성을 보여줄 수 있기 때문이다.

입학사정관이 생각하는 지적호기심이란 무엇일까? 궁금한 점이 있다면 왜 그런지 그 이유를 찾아보고 알아가는 것이다. 또한 궁금한 점을 알게 되었다면 관련 내용을 공부하면서 추가적으로 공부한 내용이 있으면 더 효과적이다. 전공 관련 책을 읽거나 강의를 들어보는 등의 활동이 학생부에 기록된다. 이는 학생의 지적호기심, 자기주도성, 전공적합성, 학업역량을 보여주는 사례가 된다.

하나의 주제 또는 가설을 설정하여, 탐구를 통한 결과를 논리적인 구성으로 작성한 것 또한 탐구보고서라고 한다. 이 활동은 교과 세부능력 및 특기사항(이하 교과 세특)에 기록될 수 있다. 또한 자율동아리에서 자신의 진로와 연계하여 좋은 효과를 기대할 수도 있다. 탐구주제 선정의 이유, 활동 및 역할, 어떤 노력을 했는지, 알게 된 지식 등을 정리하여 탐구보고서를 제출하면 동아리 및 진로 활동에 긍정적 영향을 미칠 수 있다.

2020학년도 학교생활기록부 기재요령에 보면, "학교교육계획에 따라 실시한 교육활동 중 교사 지도하에 학생이 직접 작성한 자료를 활용하여 학교생활기록부의 서술형 항목에 관찰 및 평가한 내용을 기록할 수 있다."라고 되어 있다. 따라서 학생은 자신이 활동한 내용을 자기평가서, 수행평가 결과물, 소감문, 독후감 등으로 작성해 담당선생님께 제출해야 한다. 이는 자기주도성이 있는 학생으로 평가받을 수 있기 때문이다.

탐구보고서 들여다보기

탐구주제 선정하기

탐구주제를 선정할 때 너무 거창하게 정하면 주제에 맞지 않는 내용과 결론이 도출될 수 있고, 혹 학생 주도의 탐구 활동이 아니라고 생각되면 신뢰성이 떨어질 수도 있다. 따라서 주변에서 쉽게 생각할 수 있는 친숙한 주제에서 찾아보는 것이 좋다.

예를 들면 학교 앞 상가를 활성화하기 위한 방법, 학교에 매점이 없어 불편한 문제를 해결하기 위한 대안, 학생들의 아르바이트 실태조사, 적당한 운동이 기억력을 높여주는가 등의 일상생활에서 쉽게 접할 수 있는 주제가 더 좋다.

또한 수업시간에 접한 내용들을 재확인하거나 구체화해 가는 것도 훌륭한 탐구주제가 될 수 있다.

🔍 탐구주제 선정 시 유의사항

① 주제를 해결할 수 있는 탐구 재료를 구할 수 있는가?

• 좋은 실험이라도 탐구 재료를 구하지 못한다면 좋은 결과를 얻을 수 없다. 학생의 수준에서 충분히 구할 수 있는 탐구재료를 선정하자.

② 관련된 선행 연구결과가 있는가?

• 선행 연구결과가 없다면 진행한 실험 결과가 맞는지 확인하기가 어렵다. 선행 연구를 충분히 검토하고 알맞게 가설을 세워보자.

③ 자신의 흥미와 적성에 알맞은가?

• 탐구활동마다 다르지만 탐구 활동을 1주일 이내에 끝내긴 어렵다. 1달 또는 그보다 더 오랫동안 실험이 진행되는 편이다. 따라서 조사 과정이나 자료를 찾을 때 자신의 흥미와 적성에 잘 맞아야 끝까지 진행할 수 있다.

④ 탐구기간까지 완성할 수 있는가?

• 일반적으로 탐구기간 내에 실험을 완성하고 밤을 새워 보고서를 작성한 후 발표하게 된다. 발표 PPT는 탐구 발표일보다 1주일 전에 작업을 마무리하고 완성한다. 무엇보다 발표 연습을 할 수 있는 시간적 여유를 확보하기 위해서라도, 탐구 기간을 정해두고 탐구하는 게 중요하다.

🔍 탐구계획 수립하기

① 탐구방법

• 관찰 : 관찰이란 사물이나 현상을 주의하여 살펴보는 것이다. 관찰은 조사자가 관찰 대상이나 현상을 현장에서 즉시에 포착한다. 하지만 관찰 결과를 해

석할 경우, 관찰자마다 다른 해석을 할 수도 있다는 점에서 주관성이 크다는 단점이 있다. 그리고 인문·사회·경영 탐구 주제일 경우 변화가 장기간에 걸쳐 이뤄지는데, 이 때문에 시간이 오래 걸리는 관찰은 학생들에게 다소 부담될 수 있다.

- 설문조사 : 알아보고자 하는 현상에 대해 조사하거나 통계 자료를 얻기 위해 어떤 주제에 대한 대상자의 답변을 요구하는 것이다. 예를 들어, 선행연구나 기사 내용을 검증하기 위해 설문조사를 진행할 수도 있다. 혹은 자신의 연구에 사용하기 위해 직접 설문지를 제작하고 설문조사를 진행하기도 한다. 설문조사는 직접 대면하기 어렵거나 대상자가 꺼리고 두려워하는 내용에 대한 의견을 얻기에 용이하다. 하지만 설문조사는 대상자와 직접적인 상호소통이 불가능하기 때문에 정확한 답변을 받기 어려울 수 있다.

- 현장조사 : 특정 작업이나 일을 실제로 진행하거나 작업장에 직접 방문하여 자세히 살펴보는 것을 말한다. 사진이나 동영상 자료가 부족한 경우, 현장조사를 통해 직접 살펴볼 수 있다. 예를 들어 '재래시장의 현대화'를 주제로 탐구보고서를 작성한다면, 직접 현장에 가서 살펴보는 것이 더 좋은 탐구보고서를 만들어내는 데 도움을 줄 것이다.

- 문헌조사 : 문헌연구는 인문·사회·경영계열에서 가장 흔히 사용하는 방법 중 하나다. 연구 문제를 해결하기 위해 기존의 문헌적 자료를 검토하는 연구 분석 방법으로 문헌연구의 목적은 과거 및 현재의 자료를 살펴보면서 앞으로의 연구 방향을 제시하고 새로운 연구주제를 발견하는 것이다. 문헌연구는 연구의 틀을 제시할 수 있고, 실험 연구에 대한 근거가 되기도 한다. 대부분 인문계 학생들은 주로 문헌조사를 탐구 방법으로 한다. 하지만 문헌 작성자의 주관이 개입될 여지가 있어 선행연구가 충분히 이루어져야 한다.

② **탐구계획 수립 시 유의사항**

- 탐구계획에는 언제, 어디서, 무엇을, 어떻게 할 것인지 등 구체적인 시간계획을 포함한다.

- 탐구계획을 수립할 때 식물이나 동물의 생장기간, 생존기간 등을 미리 조사하여 계획을 수립한다.

- 탐구에서 얻은 자료를 제대로 기록하지 못해 결과를 정확하게 얻을 수 없는 문제가 발생할 수도 있으므로 영상으로 촬영하고, 기록하는 사람을 별도로 정한다.

- 탐구한 내용을 확인할 수 있는 장비가 학교에 있거나 쉽게 구할 수 있는 것인지 파악해둔다.

🔍 탐구보고서 작성하기

① **탐구보고서 작성 시 유의사항**

인문계열 탐구보고서의 경우, 문헌조사가 주를 이룬다. 새로운 사실의 발견과 결론의 도출보다는 '진리'나 '현상'의 원인에 접근하는 방법을 다양화시키는 것이 중요하다. 예를 들어, '반려동물'에 대해 탐구하는 과정에서 반려동물을 인간의 소유물로 인정하는지 또는 하나의 생명 주체로 인식하는지 등의 접근 방법에 따라 바라보는 시각이 달라질 것이다.

인간의 소유물, 즉 재산의 일부로 인정한다면 최근 이슈가 된 반려동물 보유세라든지, 반려견에게 물리는 사고에 대한 처벌 등에서 논리적 근거가 마련될 것이다. 반면에 하나의 생명 주체로 인식한다면, 동물 학대 및 유기와 동물권 보장 등의 이슈에 철학적, 인문학적 해석이 가능하다. 이처럼 같은 사항과 사건을 두고도 접근방식의 차이에 따라 또 다른 결론이 내려질 수도 있다.

또한 철학자들의 오랜 논쟁을 이끌었던 '행복'과 '정의'도 다양한 견해가 제시되었지만, 모든 인간이 정의로운 사회와 행복을 추구한다는 결론은 변하지 않는다. 이러한 논증의 검증 과정에서 다양성이 인정되었고, 보다 더 논리적으로 설득하기 위한 과정을 거쳐 온 것이 인문사회학의 특징이다. 그렇기 때문에 새로운 시각으로 사회현상과 탐구주제를 바라보는 참신함이 중요하다.

가설을 바탕으로 실험한 결과가 서로 일치하지 않을 경우, 실험 결과를 조작하여 결론을 도출해선 안 된다. 탐구 활동의 결과가 자신이 예상한 것과 다르다고 결과를 조작하는 경우가 있다. 그런데 실험을 성공시키는 것이 중요한 게 아니라, 왜 결과와 일치하지 않는지, 그 이유를 찾는 활동을 통해 더 좋은 탐구능력을 가진 학생으로 인정받을 수 있다.

탐구에서 실패했거나 성공하기 위해 조사하고 토론한 모습 등을 보여주는 것도 좋은 소재가 될 수 있다. 이런 모든 내용이 자기주도성과 발전가능성을 보여주기 때문이다. 그러므로 어렵거나 시간이 많이 걸린다는 이유로 처음부터 도전하지 않는다면 대학에서 좋은 결과를 얻기 힘들 것이다. 여러 탐구활동을 통해 대학에서 공부할 수 있는 역량을 고등학교 때 성장시켜야 한다.

예를 들어, 장애 인식교육의 효과를 탐구한다면, 아마 대부분은 장애 인식교육을 받는 것이 장애인에 대한 인식에 긍정적으로 작용한다고 가정할 것이다. 하지만 교육 전과 교육 후의 차이가 없거나 오히려 부정적인 영향을 미치는 결과가 나올 수도 있다. 이런 경우 의도적으로 자신이 예상한 결과에 맞게 수정하여 신속하게 탐구를 마무리하는 경우도 있다.

그러나 이런 탐구는 무의미하다. 오히려 '실제 조사를 해보니 장애 인식교육의 전·후가 큰 차이가 없었고, 이후 그 원인에 의문을 가져 장애 인식교육의 문제점을 발견하고 보다 효과적인 교육 프로그램을 고안해냈다.'라는 연구결과를 도출한다면, 여러분은 우수한 학생으로 평가받게 될 것이다.

PPT 작성 및 발표

아무리 좋은 실험을 했더라도 발표 PPT를 제대로 만들지 못하거나, 매끄러운 발표를 하지 못한다면 좋은 평가를 받을 수 없다. 따라서 어떤 목적을 가지고 실험했는지, 효과적인 실험을 위해 변인을 어떻게 선정했는지 등에 대해 사진과 표를 넣어 보다 쉽게 전달하는 게 중요하다.

또한 실험 후 더 알고 싶은 것을 구체적으로 조사하는 게 중요하다. 발표 시 친구들뿐만 아니라 선생님도 동일한 궁금증을 가지고 질문을 할 경우가 있는데 꼼꼼하게 준비했다면, 우수한 발표로 이어질 수 있다. 따라서 글보다는 사진과 표를 활용해 효과적으로 정보를 전달하고, 예상되는 질문을 사전에 조사하여 준비한다면 좋은 평가를 받을 수 있다.

※ PPT 작성을 위한 유의사항

- 탐구한 내용이 정확하게 전달될 수 있도록 전체적인 발표안을 구성한다.
- 슬라이드 개수가 너무 많거나 글이 많은 경우 내용이 제대로 전달되지 않을 수 있다.
- 탐구주제, 목적, 동기, 탐구방법, 탐구결과가 잘 나타날 수 있도록 핵심적인 내용만 포함시킨다.
- 탐구 결과는 사진과 표를 활용하여 결과의 내용이 쉽게 전달될 수 있도록 한다.

정보 검색하는 방법

① 논문을 활용한 정보 검색

RISS(한국교육학술정보원)	http://www.riss.or.kr/index.do

DBpia(누리미디어)	http://www.dbpia.co.kr/
KISS(한국학술정보)	https://kiss.kstudy.com/
earticle(학술교육원)	https://www.earticle.net/
구글 학술정보	https://scholar.google.co.kr/
네이버 학술정보	https://academic.naver.com/

② 주제별 데이터베이스를 활용한 정보 검색

신문기사 검색	http://www.ndsl.kr/index.do
법률정보 검색_국가법령정보센터	http://www.law.go.kr/
통계정보검색_국가통계포털	http://kosis.kr/index/index.do
국가 전자도서관	http://www.dlibrary.go.kr
국회도서관	www.nanet.go.kr

PART
2

탐구보고서
주제 찾기

탐구보고서 주제 찾기 노하우

교과서 지문 활용 사례

 영어 교과 지문을 활용한 사례

능률 영어 1. The Part You Play	
주요 내용 : 장애를 가진 고등학생 Ethan이 미식축구팀에 들어가 팀원들에게 다양한 방법으로 동기부여를 하며 팀을 성공으로 이끌어 마침내 터치다운에 성공한다는 이야기	
교육계열(사범대·교대)	장애 인식교육의 현황 및 장애에 대한 청소년의 인식
인문계열(철학, 역사학)	(철학) 분배적 정의와 평등으로 본 장애인 (역사) 삼국시대와 조선시대 장애인의 대우 및 관련 제도
사회계열(사회학, 심리학, 정치외교학, 행정학)	(행정) 장애인에 대한 우리나라 행정제도 및 혜택
어문계열	미국문화에서 미식축구가 가지는 문화적 의미
경영·경제계열	미식축구의 경제적 가치 vs 한국 야구의 경제적 가치
광고·미디어계열	슈퍼볼의 광고전략 및 성공사례

① 교육계열(사범대·교대)

• 장애 인식교육 현황 및 장애에 대한 청소년 인식

대부분의 학교에서 실시하고 있는 '장애 인식교육'과 이에 따른 청소년의 인식을 조사할 수 있다. '장애 인식교육'의 실제 효과 여부를 조사하는 것이다. 이는 사전검사, 사후검사로 나눌 수 있다. 먼저 '장애 인식교육' 실시 전 설문조사를 통해 장애에 대해 어떻게 인식하고 있는지 조사한다. 그리고 장애 인식교육 실시 후 같은 설문조사를 실시하여 '장애 인식교육'을 받음으로써 어떤 인식 변화가 있었는지 탐구보고서를 작성할 수 있다. 보통 장애 인식교육은 1년에 한번 실시하므로 1년 단기로 실시하거나 3년에 걸쳐 실시할 수도 있다.

② 인문계열(철학)

• 분배적 정의와 평등으로 본 장애인

　일종의 문헌연구 양식의 보고서다. 아리스토텔레스는 분배 정의의 기준으로 '업적에 따른 보상'을 제시하고 있는데, 분배적 정의의 대표적인 개념인 '불편부당성'의 의미와 장·단점 그리고 반대 입장인 형평성의 개념, '롤스'의 정의론에 대해서도 한번 살펴보자. 장애인 등 사회적 약자를 보호해야 한다는 입장과 복지제도까지 같은 문제를 다루고 있는 여러 철학자들의 의견을 정리할 수 있다.

③ 인문계열(역사학)

• 삼국시대와 조선시대 장애인의 대우 및 관련 제도

　우리나라의 장애인에 대한 기록은 생각보다 쉽게 찾아 볼 수 있다. 세종실록을 살펴보면 '장애인들에게 환곡을 우선적으로 베풀고, 거처하는 집을 잃게 해서는 아니된다.'라는 기록을 찾을 수 있다. 세조 3년에는 '농아와 지체 장애인을 위해 한성부가 도우미를 찾아주고'라는 기록이 있다. 짐작하건대 조선시대 왕들은 장애인들이 사회적으로 배려받을 수 있도록 여러 복지제도를 실시했다는 것을 알 수 있다. 뿐만 아니라 장애인들과 그 부양자들에게 각종 부역과 잡역을 면제하고, 점복사, 독경사, 악공 등 장애인을 위한 전문직 일자리도 있었다고 하니 이러한 내용들을 정리하여 문헌연구 형식으로 탐구보고서를 작성할 수 있다.

④ 사회계열(행정학)

• 장애인에 대한 우리나라 행정제도 및 혜택

　우리나라에는 보건복지부령으로 장애인복지법과 시행령 및 시행 규칙이 있다. 수십 년에 걸쳐 수정되고 보완되어온 만큼 장애인복지법의 변천과 현재 장애인 복지법의 세부사항, 장애인 등급과 지원에 대한 그 한계와 해결방안에 대해 조사할 수 있다.

⑤ 어문계열

• 미국문화에서 미식축구가 가지는 문화적 의미

"야구는 미국이 되고자 하는 것이고, 미식축구는 현재의 미국 그 자체이다."

– 제이미 윌리엄스 –

"미식축구는 미국의 꽃이고 미국의 문화다."라는 말이 있을 정도로 미식축구는 미국문화 그 자체라고 해도 과언이 아니다. 미식축구에서 야외파티 형식으로 모르는 사람들과 먹고 마시며 교류하는 문화에 익숙하다. 또한 미식축구 속에는 미국식 개인주의와 경쟁적 문화가 있다. 이를 주제로 미식축구와 미국문화의 공통점과 차이점을 조사할 수 있다.

⑥ 경영·경제계열

• 미식축구의 경제적 가치 vs 한국 야구의 경제적 가치

미식축구와 한국 야구는 공통점이 있다. 각국에서 가장 사랑받는 스포츠라는 점이다. 미식축구는 메이저리그를 뛰어넘는 경제적 가치를 가지고 있고, 한국 야구는 국내 다른 어떤 스포츠보다도 인기가 있다. 특히 롯데는 한때 관중과 판매수익으로 흑자가 가능한 팀이기도 했다. 두 스포츠 모두 각국에서 차지하는 위치가 크기 때문에 이들의 경제적 가치를 경기수익, 광고수익, 비경제적 가치 등을 조사할 수 있다.

⑦ 광고·미디어계열

• 슈퍼볼의 광고전략 및 성공사례

제니퍼 로페즈, 리한나, 마룬파이브 이 셋의 공통점은 무엇일까? 바로 슈퍼볼 공연에 섰다는 점이다. 슈퍼볼 공연에 선다는 것은 그 해 가장 인기 있는 스타라는 것을 의미한다. 슈퍼볼은 바로 미국 프로미식축구(NFL) 챔피언 결정전이다. 슈퍼볼 광고가 30초당 우리나라 돈으로 65억이라고 하니 가치가 어마어마하다는 것을 알 수 있다. 수많은 슈퍼볼 광고 중 우리나라의 현대차가 소비자의 공감을 얻어 슈퍼볼 광고 10위 안에 선정되기도 했는데, 슈퍼볼의 다양한 광고 중에서 성공 전략과 사례들에 대해 조사할 수 있다.

사회문화 교과 지문을 활용한 사례

수많은 교과목 중에 인문계열의 학생들이 탐구보고서로 작성하기에 가장 손쉬운 과목은 단연 사회문화다. 다양한 사회문제에 대한 탐구 및 해결방안을 제시하고 있으므로 각 단원을 통해 자신의 진로와 연계한 탐구주제를 수월하게 뽑아 낼 수 있을 것이다.

지금부터 사회문화 교과목의 한 단원인 '사회 불평등의 여러 형태 - 빈곤, 성 불평등, 사회적 소수자 문제' 단원을 통해 계열별 탐구주제 선정의 예를 살펴보도록 하자.

단원) 사회 불평등의 여러 형태	
주요내용) 빈곤, 성 불평등, 사회적 소수자 문제	
인문계열(철학, 역사학)	우리나라 역사를 통해 알아 본 구휼정책
경영·경제계열	부의 재분배와 기본소득법
어문계열	언어와 권력, 그리고 성불평등
광고·미디어계열	광고, 영상매체 속 숨어있는 성불평등과 성인지 감수성

① 인문계열(역사학)

• 우리나라 역사를 통해 알아 본 구휼정책

　삼국시대에 고국천왕이 진대법을 실시한 것을 시작으로 고려시대의 흑창, 의창, 상평창, 조선의 진휼, 시식, 비황, 환곡제도까지 국가는 백성들의 빈곤을 해결하기 위해 여러 가지 구휼정책을 시행해왔다. 각 시대별 구휼정책의 특징과 문제점을 조사하여 탐구보고서를 작성할 수 있다. 또한 구휼정책의 목적에는 세금재원의 이탈을 방지하는 차원도 있다는 것을 본 목적인 백성 구휼과 비교해볼 수 있다.

② 경영·경제계열

• 부의 재분배와 기본소득법

　기술 발전으로 생산과정에서 노동이 차지하는 비중이 감소해 노동만으로 생계를 유지하기는 힘들어질 것이라고 예측한 사람이 있다. 바로 프랑스의 경제철학자 앙드로 고르고다. 그는 이에 대한 해결책으로 기본소득법을 제시했다. 재산, 소득, 고용 여부 및 노동 의지와 상관없이 모든 국민에게 동일한 최소의 생활비를 지급하는 제도로, 찬성측과 반대측의 선명한 입장차와 주장 근거를 탐구해볼 수 있다. 뿐만 아니라 실제 기본소득법을 도입하거나 시범 중인 국가들의 사례를 조사해 우리 사회의 양극화 현상을 완화시킬 수 있을 대안에 대해 고찰해볼 수 있다.

③ 어문계열

• 언어 속에 숨은 성불평등

　여의사, 여기자, 여배우 등 직업 앞에 '여'자를 붙이는 것, 첫 작품이나 출판을 처녀작이라는 표현을 쓰는 것, 남학생이 다니는 학교는 고등학교지만, 여학생이 다니는 학교는 여자고등학교로 불리는 것, 이 모두가 언어 속에 숨은 성불평등을 보여주고 있는 사례다. 언어에서 보이는 이러한 현상의 여러 가지 원인과 배경에 대해 생각해보고 이를 바꿔나갈 수 있는 방법을 고찰해볼 수 있다. 더 나아가 언어로 표현되는 사회적 권력 관계에 대한 탐구로 확장하여 언어와 권력의 상관관계에 대해 심도 있게 탐구해볼 수 있다.

④ 광고·미디어계열

• 문화 콘텐츠 속 성불평등과 성인지 감수성

얼마 전부터 자주 거론되는 성인지 감수성은 성별 간의 불균형에 대한 이해와 지식을 통해 일상생활 속에서의 성차별적 요소를 감지해내는 민감성을 뜻한다. 넓게는 성평등 의식과 실천의지, 그리고 성인지력까지 모두 포함하는 개념이다. 한류를 이끄는 분야 중 하나인 드라마 속에서 남자 주인공의 멋있음에 포장되어 표현되던 손목낚아채기, 벽치기 등의 클리셰들과 여자연예인의 신체에 대한 품평에는 날을 세우고, 남자연예인의 신체에 대한 품평은 웃음이나 볼거리로 가볍게 소비하는 것 등을 통해 우리는 무의식중에 성불평등을 행하고 있다. 이러한 미디어매체 등을 통해 알게 모르게 자리 잡은 성불평등을 해소하기 위한 방안을 모색하고, 성인지 감수성을 키우기 위한 방안을 탐구할 수 있다.

신문기사 및 최근 이슈 활용 사례

🔍 코로나19 전염병의 확산

2020년 초, 우리나라를 뒤덮은 '코로나19'는 정치, 문화, 경제 등 사회 모든 영역에 막대한 영향을 끼쳤다. 매스컴은 코로나에 대한 뉴스로 장식되었고 국민들은 불안에 떨었다. 이런 사회적인 문제를 다각도로 접근하면 다양한 탐구보고서를 작성할 수 있다.

코로나19 사태	
주요내용) 2019년 12월 중국 우한에서 처음 발생한 뒤 전 세계로 확산된 신종 코로나바이러스에 의한 호흡기 감염 질환	
교육계열(사범대·교대)	학교개학 연기 등으로 인한 수업결손 만회 방법
인문계열(철학, 역사학)	인류의 흥망성쇠와 함께한 전염병
사회계열(사회학, 심리학, 정치외교학, 행정학)	확진자 동선 공개를 통해 알아본 개인정보 활용 범위 코로나 19로 인한 대도시 포비아, 인포데믹
어문계열	국가별 코로나 확산세로 보는 문화적 특징
경영·경제계열	각국의 검사 수 대비 확진자 수 자료에 대한 통계적 고찰 마스크 품귀 사태로 본 시장경제와 정부의 개입에 따른 영향
광고·미디어계열	소설과 영화로 접하는 전염병 코로나 사태로 본 가짜 뉴스의 문제점

① **교육계열(사범대·교대)**

• 학교개학 연기 등으로 인한 수업결손 만회 방법

초유의 개학연기 사태로 학교별 학사일정에 대한 우려가 커지게 되었다. 수업 일수에 대한 전반적인 검토와 학사 차질을 해결하기 위한 방안에 대해 탐구해 볼 수 있다. 의견이 분분했던 봄방학과 기말고사 후 수업 파행에 대한 사례조사를 통해, 학제 개편하는 방안에 대한 탐구 활동이 가능하다. 뿐만 아니라 개학 연기로 인한 학습공백을 메우기 위해 디지털 교과서 e-학습터, EBS 동영상 등 자율형 온라인 콘텐츠 활용, 온라인 학습방 등을 통해 예습과제와 학습 피드백 제공 등의 대책을 교육부에서 내놓았다. 이를 4차 산업기술과 연결하여 미래의 교육산업의 변화에 대해 탐구해볼 수 있다.

② 인문계열

• 인류의 흥망성쇠와 함께한 전염병

사스, 신종플루, 메르스, 그리고 코로나19까지 인류 역사 속 전염병은 한 시대에 많은 사회적 변화를 가져왔다. 가장 대표적인 전염병은 전쟁보다도 더한 사망자가 나와 죽음의 병으로 악명이 자자했던 흑사병이다. 이 병은 쥐벼룩을 매개로 하여 급속도로 번졌는데, 유럽 전체 인구의 30퍼센트가 목숨을 잃었다. 이러한 흑사병의 영향으로 유럽 예술은 후퇴하였고 사회 계층의 급격한 변동, 공포를 활용한 미신과 이단의 출현 등 사회적으로 많은 영향을 끼쳤다. 이외에도 천연두, 콜레라, 최근의 코로나까지 전염병의 유행이 사회적으로 미친 영향들을 비교 조사해 탐구 보고서를 작성할 수 있다.

③ 사회계열(행정학)

• 확진자 동선 공개를 통해 알아본 개인정보 활용 범위

메르스 사태를 계기로 전염병 확산방지를 위해 질병관리 본부와 자자체가 홈페이지에 확진자 정보를 공개했다. 이를 두고 일각에서는 사생활 침해이며, 동선에 대한 개인정보 수집 동의절차도 없고 거부권이 허용되지 않아 개인의 사생활 침해를 우려했다. 반면에 시민의 알 권리과 안전에 가치를 두고, 확진자의 동선을 실시간으로 공개함으로써 2차, 3차 감염자 발생을 막을 수 있었다는 긍정적 평가도 있다. 여기서 개인정보 활용 범위와 법령을 조사해 국가 비상사태에서 개인의 사생활 보호에 대한 주제로 탐구할 수 있다.

④ 사회계열(사회학·심리학)

• 코로나 19로 인한 대도시 포비아, 인포데믹

코로나19 사태로 대중교통 이용이 감소하고 공공장소를 기피하는 등의 현상이 일어났다. 뿐만 아니라 확진자나 접촉자가 스쳐지나간 곳이라면 작은 가게부터 백화점, 대기업까지 연일 휴업, 폐쇄되면서 경제활동 자체가 위축되었다. 일명 '인포데믹' 현상으로 코로나19와 관련된 거짓정보가 언론과 SNS 등을 통해 심각한 수준으로 확산되면서 사회혼란을 가중시켰다. 이러한 현상들을 사회학 또는 심리학 측면으로 탐구해볼 가치가 있다.

⑤ 어문계열

• 국가별 코로나 확산세로 보는 문화적 특징

　중국 우한에서 시작된 코로나19는 국가별 전파 과정이 지역의 문화적 특징에 따라 상이했다. 이러한 특징들을 나라별로 파악해보고, 전파과정과 국가별 대처형태에 영향을 끼친 문화적 배경에 대해 탐구할 수 있다.

⑥ 경영·경제계열

• 각국의 검사 수 대비 확진자 수 자료에 대한 통계적 고찰

　코로나 발생 초기, 우리나라의 코로나 확진자 수가 가파르게 증가하는 것을 두고, 일부 나라에서 대한민국을 위험국가로 지정해 입국을 금지했다. 그런데 다른 나라와 확연히 차이 나는 1일 1만 이상의 검사횟수와 감염 확률을 감소시키는 '드라이브 스루' 선별진료소 운영 및 언론을 통한 상황 공유 등 우리나라의 신속한 대처능력은 세계 언론에 보도되는 등 우수성이 주목받고 있다. 이를 통해 다른 나라의 코로나 검사, 확진자 수 및 사망자 수 사이에서 통계적 의미를 통해 국가안전도를 조사해볼 수 있다.

• 마스크 품귀 사태로 본 시장경제와 정부 개입에 따른 영향

　국민들은 마스크 품귀 현상으로 불안과 답답함을 느꼈다. 또한 수업시간에

글로만 배웠던 매점매석을 직접 경험해볼 수 있었다. 제조업체에서는 동일한 가격으로 공급을 하지만 시장에 나올 때는 기존 가격의 몇십 배로 부풀어진 가격으로 거래된 것이다. 이런 상황 속에 수출 물량 제한 및 공적 공급처 판매와 마스크 5부제 시행 등 정부의 시장 개입으로 마스크 품귀 현상이 안정을 찾게 되었다. 이를 경제학적 입장에서 시장의 안정을 위한 정부 개입에 따른 영향에 대해 조사할 수 있다.

⑦ 광고·미디어 계열

• 소설과 영화로 접하는 전염병

코로나 19가 유행하면서 전염병을 소재로 한 영화들이 주목받기도 했다. 대표적인 것이 바이러스 재난영화인 〈컨테이젼〉(2011)과 〈감기〉(2013)이다. 각 영화에서는 전염병과 맞서 싸우는 사람들의 상황 대처나 방역, 그리고 도시폐쇄 등을 표현했다. 영화 속 내용과 현 시국을 비교해보거나 영화와 현실 방역 체계 간의 차이와 한계에 대해 분석할 수 있다. 또한 영화가 사회에 미치는 영향 등을 연구할 수 있다.

• 코로나 사태로 본 가짜 뉴스의 문제점

우리는 하루에도 수십 가지가 넘는 가짜뉴스에 노출되고 있다. SNS와 인터넷의 활성화로 잘못된 정보가 순식간에 사실인 것 마냥 퍼져버린다. 더욱 큰 문제는 또 다른 가짜뉴스를 재생산하고 소비하는 과정 속에서 '인포데믹(정보를 뜻하는 인포메이션과 전염병을 뜻하는 에피데믹의 합성어로 전염병 전파 현황을 뜻함)'의 상황이 연출되고 있다. 코로나로 인한 대표적인 가짜뉴스에 대해 알아보고 그 정보의 전파과정과 특징을 탐구하여 해결방안을 제시할 수 있다.

다문화

이슈 : 다문화	
다문화에 대해 다양한 기사들이 쏟아진다. 다문화는 우리가 당면한 과제이며 받아들여야 하는 현실이다. 하지만 한국은 오랫동안 단일민족을 강조해왔고 그러한 과정에서 여러 가지 시행착오를 겪었다. 미래 세대를 위해 다문화와 관련된 다양한 의견을 조사하여 보고서를 작성해보자.	
교육계열(사범대·교대)	'다문화 교육과정 모형을 기반으로 한 다문화적 인성 프로그램 개발에 관한 연구(이주희)'를 읽고 다문화 인성 프로그램의 유의미성 탐구
어문계열(불어불문학과)	프랑스 이민 정책과 우리나라 적용 및 제안

① 교육계열(사범대·교대)

• 다문화 인성 프로그램의 유의미성 탐구하기

　다문화에 대한 포용력은 자라나는 미래 세대가 꼭 갖추어야 할 덕목 중에 하나이다. 이에 다문화와 관련된 여러 가지 다양한 교육과정 프로그램이 진행 중이다. 이러한 프로그램이 실제로 어떤 효과가 있는지, 교육을 실시하기 전과 실시한 후의 차이를 검사하여 프로그램의 유의미성에 대해 분석하고 교육적으로 어떠한 의의가 있는지 분석해보자.

② 어문계열(불어불문학)

• 프랑스 이민 정책과 우리나라 적용 및 제안

　프랑스는 2018 러시아 월드컵 축구 국가대표 팀에서도 보았듯이 다양한 인종이 어우러져 살아간다. 하지만 이들이 항상 조화롭게 살아가는 것은 아니다. 프랑스는 동화주의 정책을 펼쳤고, 이로 인해 다양한 사회적 갈등과 문제들이 발생했다. 특히, 문화적 동질성을 가져 쉽게 프랑스에 동화된 유럽계 이민자들과 달리, 프랑스에 쉽게 동화되지 못한 비유럽계 이민자들은 정부와 자주 충돌

한다. 이 상황에서 프랑스 정부는 어떻게 대처하는지 조사해볼 수 있으며, 현재 대한민국이 조선족 등 다문화 문제에 대해 어떻게 대처해야 할지 탐구해볼 수 있다.

 중국, 중국의 정치제도

이슈 : 중국, 중국의 정치제도	
'전체주의 자본주의' 중국은 중앙당의 시스템을 사용하면서 부분적으로 자본주의적 경제체계로 전환하고 있다. 중국의 중앙당은 공산당원 중에서 충분한 정치 경험이 있는 단 1명이 지도자가 된다. 이러한 체제의 장단점 및 영향력에 대해 조사해보자.	
어문계열(중어중문학과)	중국의 방언 형성요인 조사와 한국 방언 비교
경영·경제계열(통계학과)	중국의 통계오류와 신뢰할 수 있는 통계자료 구축 방법

① 어문계열(중어중문학과)

• 중국의 방언 형성요인 조사와 한국 방언 비교

중국은 국토가 넓고 다양한 민족들이 사는 나라다. 그래서 다양한 방언과 언어들이 존재한다. 중국의 다양한 방언들을 찾아보며 방언들 사이의 언어적 공통점과 차이점을 조사하고, 어떤 요인들로 인해 방언이 형성되었는지 탐구할 수 있다. 그리고 한국의 방언들을 조사해보며 언어적 공통점과 차이점을 알아보고, 한국과 중국의 방언 형성 요소를 비교해볼 수도 있다.

② 경영·경제계열(통계학과)

• 중국의 통계 오류와 신뢰할 수 있는 통계자료 구축 방법

공산주의 국가인 중국은 개혁개방 이후 자본주의적 요소를 도입하여 G2의 자리까지 오르게 되었다. 중국은 다른 국가들에 비해 높은 경제성장률을 보여

주었다. 하지만 최근 중국 국가통계국에 따르면, 지방정부 GDP 합산 때 교역이 중복해서 합산되는 오류가 나타났다고 발표했다. 즉, 중국의 경제성장률은 신뢰하기 어려운 통계자료인 것이며 중국총리인 리커 창 역시 중국의 경제성장률은 신뢰할 수 없다고 했다. 이에 중국은 AI와 빅데이터를 활용하여 신뢰할 수 있는 통계자료를 구축을 할 것이라고 했다. 이점에서 우리는 GDP 계산 방식에 대해 탐구할 수 있다. 또 이외의 중국의 통계 오류 및 신뢰 문제 사례와 해결방안을 조사한 후, AI와 빅데이터를 어떻게 활용하여 신뢰성 있는 통계자료를 구축할 수 있는지 탐구할 수 있다.

 통일, 문화통일

이슈 : 통일, 문화통일	
통일, 언젠가는 이루어야 할 숙제다. 하지만 시간이 지나갈수록 남북한의 문화의 차이는 점점 벌어지고 있다. 이제 문화통일이 중요한 시대인 만큼 남북한 콘텐츠 개발에 대해 조사해보자.	
어문계열(국어국문)	'남북한 언어 비교사전 탐구보고서' : '남북 민족문화상징 통합 방안 연구(신현욱)'를 읽고
광고·미디어계열	'민족문화 콘텐츠 개발 조사 보고서 쓰기 : '남북 통일 시 문화 통합을 위한 민족문화콘텐츠 개발에 관한 시론적 연구(박영택)'를 읽고

① **어문계열(국어국문)**

• '남북한 언어 비교사전 탐구보고서' : '남북 민족문화상징 통합 방안 연구(신현욱)'를 읽고

　현재 한반도는 남과 북으로 분단된 지 오랜 시간이 흘러 문화와 언어가 많이 달라졌다. 순수 우리말을 주로 사용하는 북한과는 달리 남한은 외래어 사용 빈도가 높으며, 다양한 신조어들이 등장했다. 게다가 '댕댕이', '괄도네넴띤'과 같

은 인터넷 용어가 인터넷 커뮤니티에서만 사용되는 것이 아니라, 공영방송과 일상생활에서도 쓰이고 있다. 특히, 우리나라의 고등학생들은 신조어를 사용하는 빈도가 높으며, 그러한 신조어 사용을 통해 그들만의 소속감을 높이고 더욱 친밀한 관계를 형성한다.

이러한 맥락에서 남북한의 언어생활 비교를 통해 차이점과 공통점을 조사한 후, 현재 학생들이 주로 사용하는 신조어를 북한의 언어 사정에 맞게 첨삭하여 남북한 학생 신조어 사전을 만들 수 있다. 그리고 이러한 사전 제작을 통해 통일 후 남북한 학생들 사이의 친밀감 형성에 기여할 수 있다고 발표할 수 있다.

② 광고·미디어계열

• '민족문화 콘텐츠 개발 조사 보고서 쓰기' : '남북 통일 시 문화 통합을 위한 민족문화콘텐츠 개발에 관한 시론적 연구(박영택)'를 읽고

오랜 분단의 영향으로 남북한 사이에는 큰 문화적 차이가 발생했다. 유튜브와 SNS를 통해 전 세계 사람들은 여러 문화를 손쉽게 접할 수 있게 되었다. 그 결과, 전 세계는 어느 정도 공통된 문화를 공유하게 되었다. 이러한 맥락에서 민족문화 콘텐츠는 남북한의 문화적 차이를 극복하는 좋은 방안일 것이다. 학생들을 대상으로 설문조사를 진행해 민족문화 콘텐츠 개발을 탐구할 수 있다.

독서 활용 사례

 『한계비용 제로 사회』(제레미 리프킨)

『한계비용 제로 사회(사물 인터넷과 공유경제의 부상)』		
노동의 종말, 소유의 종말 등을 통해 자본주의 패러다임의 위기를 지적한 저자가 새로운 미래상으로 사물 인터넷 플랫폼의 도입을 통해 배타적 소유의 시대에서 협력적 공유 사회로의 전환에 대해 소개함.		
사회계열(사회학, 심리학, 정치외교학, 행정학)	• '타다 금지법'으로 본 모빌리티 공유경제 서비스 • 공유경제 활성화에 따른 개인정보의 보호 방법	
경영·경제계열	• 자본주의 경제와 공유경제에 대한 비교분석 • 프로슈머의 등장과 분야별 영향	

① 사회계열(사회학·심리학)

• '타다 금지법'으로 본 모빌리티 공유경제 서비스

우리나라 공유 경제의 미래를 가늠할 수 있었던 대표적 사업모델이 '타다 금지법'으로 모빌리티 쉐어링이 불가능하게 되면서 공유 경제가 한 발 뒤처지게 되었다. 제도나 행정 절차 그리고 이익 집단 등의 여러 이해관계를 공유경제 서비스와 플랫폼 사업에 연결시켜 탐구해보고, 미래 사회에 대해 생각해볼 수 있다.

• 공유경제 활성화에 따른 개인정보의 보호 방법

인터넷, 스마트폰, IoT 등으로 구축된 인프라를 통해 수집된 각종 정보를 이용하여 새로운 가치를 창출해내는 공유경제가 활성화되고 있다. 이로 인해 나의 취향, 소비패턴, 생활습관 등의 개인정보가 수집되어 빅데이터의 일부로 활용되고 있다. 이러한 상황에서 자신의 개인정보가 노출되는 것을 걱정하는 사람들이 많아지고 있다. 지식정보화사회의 흐름 속에서 빅데이터 활용을 가장한 개인정보의 사용 및 사생활 침해를 어떻게 해결하고 긍정적으로 활용할 수 있을지 탐구해볼 수 있다.

② 경영·경제계열

• 자본주의 경제와 공유경제에 대한 비교분석

　오랜 시간 동안 세상을 지배했던 자본주의 경제체제가 기술 발달과 4차 산업기술의 보급으로 새로운 패러다임 도입의 과도기에 직면했다. 자본주의 경제체제에 대해 알아보고 그 폐해와 부작용 그리고 시대적 흐름에 따라 등장한 공유경제를 탐구해보자. 미래 경제 패러다임에 대한 전망과 이를 대비하고 발전시킬 수 있는 좋은 방안이 도출될 수 있다.

• 프로슈머의 등장과 분야별 영향

　4차 산업기술의 발달로 기업의 대량생산에 의한 대량소비보다는 개인 스스로 생산과 소비를 동시에 할 수 있는 역량이 갖추어지고 있다. 프로슈머의 개념에 대해 알아보고 그 등장 배경과 사례 그리고 영향력에 대해 조사해볼 수 있다.

 『1984』(조지오웰)

『1984』	
세계 3대 디스토피아 소설. 정치 체제를 유지하기 위한 사생활 감시와 신어의 창조를 통한 인간 통제 그리고 이에 대해 반발하는 한 개인의 파멸과정을 보여줌.	
인문계열(철학, 역사학)	윈스턴의 모습을 통해 본 데카르트의 사유의 의미
사회계열(사회학, 심리학, 정치외교학, 행정학)	CCTV를 통한 감시 및 통제와 개인정보 활용 범위
어문계열	언어가 사고를 지배할 수 있는가에 대한 고찰
광고·미디어계열	정보 통제의 위험성

① 인문계열(철학)

• 윈스턴의 모습을 통해 본 데카르트의 사유의 의미

데카르트는 '사유'를 의심, 이해, 긍정, 부정, 의욕 또는 의욕하지 않고, 상상하며 감각하는 것으로 정의했다. 그래서 나 자신이 사유하는 것을 통해 나의 존재에 대한 본질을 입증하기에 이른다. 이러한 데카르트의 사유의 의미와 연결해 『1984』 속에 통제된 세상에서 존재하지만 실재하지 않는 빅브라더, 인간으로 실재하지만 본질을 잊은 윈스턴을 통해 '사유'와 '존재'의 의미에 대해 탐구할 수 있다.

② 사회계열(사회학·행정학·정치외교학)

• CCTV를 통한 감시 및 통제와 개인정보 활용의 범위

『1984』에서 빅브라더라는 허구의 인물은 국가 내 모든 사람의 생활을 감시하고 통제하고 있는데, 이는 개인의 정보를 소수가 통제할 때의 폐해가 잘 드러나 있다. CCTV로 인한 범죄해결, 미아찾기 등의 긍정적 효과가 있는 반면에 나도 모르는 사이 나의 일거수일투족이 불법 촬영되어 악용될 여지가 있다. 이러한 상황 속에서 개인정보의 활용 범위에 대해 탐구해볼 수 있다.

③ 어문계열(언어학·사회학)

• 언어는 사고를 지배할 수 있는가에 대한 고찰

『1984』에서는 '신어사전'을 편찬해 불필요한 낱말을 삭제하거나 체제유지에 위협이 되는 단어 사용을 금지한다. 사람들의 사고를 편협하게 만들어 통제하고 있는 것이다. 사피어-워프 이론에 의하면 언어는 우리의 행동과 사고의 양식을 결정한다고 한다. 이는 우리가 세상을 있는 그대로가 아닌 언어를 통해 인식한다는 말이다. 언어에 반영된 주관적 세계관은 나치들의 잔인함을 포장했던 '언

어규칙'에서도 드러난다. 이러한 언어를 통한 사고의 지배 사례를 찾아보고 조사해볼 수 있다.

④ 광고·미디어계열

• 정보 통제의 위험성

『1984』 속 사회는 텔레스크린을 통해 감시당하고 제한된 정보에만 노출된다. 또한 정치 선전과 노래를 들려주며 정보의 통제와 왜곡이 사람과 사회를 얼마나 무지하게 만들 수 있는지를 보여준다. 현대사회에서도 이러한 정보의 통제 또는 정보의 불균형으로 인해 발생하는 다양한 문제점에 대해 탐구해볼 수 있다.

시사상식 활용 사례

보통 탐구주제를 선정하라고 하면 거창한 무언가를 생각해내야 한다는 압박감을 느끼는 학생들이 많다. 하지만 주변에서 흔히 볼 수 있는 시사용어나 상식 등을 통해서도 탐구보고서를 작성할 수 있다. 한 가지 주제에 대해 다양하게 탐구주제를 선정하는 다음의 사례들을 살펴보자. 탐구주제는 항상 주위에서 쉽게 찾을 수 있으므로 일상생활에 주의를 기울이고 집중하는 것이 중요하다.

📍 카피라이트(Copyright)와 카피레프트(Copyleft)

1인 미디어의 발달과 SNS 문화의 활성화로 유무형의 콘텐츠가 범람하고 있는 오늘날, 저작권에 대한 관심은 더욱 높아지고 있다. 카피라이트(저작권)란 창작물을 만든 사람이 창작물에 대해 가지는 법적 권리를 뜻한다. 반대로, 지적 창작물에 대한 권리를 모든 사람이 공유할 수 있도록 하는 카피레프트(공개저작권)도 있다. 이러한 카피라이트와 카피레프트를 이용해 탐구주제를 뽑아내 보자.

카피라이트(Copyright)와 카피레프트(Copyleft)	
주요 내용 : 일반적으로 카피라이트, 즉 저작권이 불법공유로부터 지적재산권을 보호하는 역할이라면, 카피레프트는 저작권을 기반으로 한 정보의 공유를 통해 새로운 지식 재창출을 모색하는 것이다.	
인문계열(철학, 역사학)	공리주의로 바라본 저작물의 공유
사회계열(사회학, 심리학, 정치외교학, 행정학)	로크의 사유재산권과 저작물의 재산권 및 지적재산권
경영, 경제계열	카피레프트를 활용한 마케팅 사례
광고, 미디어계열	문화 콘텐츠의 표절, 패러디, 오마주의 경계와 차이점

① 인문계열(철학)

• 공리주의로 바라본 저작물의 공유

　저작물의 공유문제를 '최대다수의 최대행복'으로 대변되는 공리주의와 연결해 보자. 최대의 유용성을 만들어내기 위해 '행위'에 중점을 두는 행위공리주의의 입장에서는 저작물의 공유로 인해 새로운 콘텐츠의 창작을 유도할 수 있다는 점에서 카피레프트를 바라볼 수 있다. 반면에 '규칙'에 중점을 두는 규칙공리주의의 입장에서는 저작물의 창작자의 권리와 재산권을 보장해 주어야 한다는 측면에서 카피라이트를 분석해볼 수 있다. 이처럼 공리주의의 두 가지 측면으로의 접근으로 저작물의 공유문제를 탐구해볼 수 있다.

② 사회계열(정치외교학)

• 로크의 사유재산권과 저작물의 재산권 및 지적재산권

　지적재산권은 17세기로 거슬러 올라가 존 로크의 재산권에서 비롯되었다고 할 수 있다. 로크는 재산권의 근거를 노동이라 주장했고, 여기서 발전해 지적노동도 노동의 일종이므로 아이디어를 낸 사람은 '그 생각'에 대한 소유권을 지닌다는 이론으로 발전하게 된다. 이러한 맥락에서 1709년 저작권법이 제정되었고 특허법이 재정비되었다. 우리는 로크가 주장한 사유재산권에 대한 이해와 시대적 상황 그리고 저작권 탄생배경에 대해 조사할 수 있다. 더 나아가 요즘 대두되고 있는 2차 창작물의 저작권 범위에 대해서도 탐구해볼 수 있다.

③ 경영·경제계열

• 카피레프트를 활용한 마케팅 사례

공유를 통해 새로운 지식 재창출을 모색하는 카피레프트의 개념과 발생 배경에 대해 조사해보고 실제 마케팅에 적용한 사례를 찾아볼 수 있다. 마케팅에 적용될 때는 콘텐츠를 무료제공 후 추가적인 서비스로 이윤을 남기거나 새로운 시장을 개척할 때 주로 쓰인다. 마이크로소프트사의 MSN메신저, 우리나라 대표 백신프로그램인 안랩의 V3, 전 세계가 사용 중인 인터넷망 WWW(World Wide Web)가 대표적인 예다. 또한 싸이의 〈강남스타일〉이 전 세계적으로 붐을 일으키게 된 배경에도 음원의 저작권 행사를 포기한 카피레프트 정신이 숨어있다는 것을 알 수 있다. 이러한 사례를 통해 1인 미디어의 활성화와 콘텐츠 제작 시대를 연결해 다양한 마케팅을 탐구해볼 수 있다.

④ 광고·미디어계열

• 문화 콘텐츠의 표절, 패러디, 오마주의 경계와 차이점

K-pop, 드라마, 영화 등 한류 콘텐츠들이 전 세계적으로 인기를 끌고 있는 만큼 문화콘텐츠에 대한 관심이 나날이 높아지고 있다. 이와 더불어 BTS(방탄소년단)의 〈화양연화〉 사진집이 프랑스 사진작가의 표절 시비를 불러일으켰던 일화, 봉준호 감독의 〈기생충〉이 자신의 영화 콘셉트와 유사함을 주장한 인도 영화감독의 예에서 볼 수 있듯이 저작권을 둘러싼 표절 시비 등의 각종 분쟁이 비일비재하다.

콘텐츠의 소비와 재생산과정에 소비주체인 일반인들도 적극 참여할 수 있는

플랫폼이 다양화되고 있는 만큼 콘텐츠의 표절과 오마주, 패러디의 정의를 재정립하고 그 경계를 탐구하여 사례별로 조사할 수 있다.

 무상급식, 무상교육

무상급식, 무상교육	
보편적 복지와 선택적 복지는 항상 논란이 된다. 절대적 평등이냐 형평성을 염두에 둔 평등이냐에 대해 철학적 근원을 살펴보자. 그리고 매년 선거 때마다 등장하는 포퓰리즘 논란과 관련하여 보고서를 작성해보자.	
인문계열(철학, 역사학)	'권리측면에서 본 학교급식 무상추진의 난점(김정래)'을 읽고 : 보편적 복지인가? 선별적 복지인가?
사회계열(정치외교학과)	무상급식, 무상교육, 포퓰리즘인가? 복지정책인가? *표퓰리즘 : 대중의 인기를 끌기 위해 경제적 합리성을 도외시한 정책

① 인문계열

• '권리측면에서 본 학교급식 무상추진의 난점(김정래)'을 읽고 : 보편적 복지인가? 선별적 복지인가?

2015년, 경남도지사는 경남 교육청에 무상급식에 대한 감사를 요구했지만, 교육청은 이를 거부했다. 그 결과, 경상남도는 보편적 무상급식에서 선별적 무상급식으로 바꾸었다. 이에 사람들 사이에서 어떠한 방식이 옳은 급식 방식인지에 대해 논쟁이 끊이지 않았다. 이러한 무상급식 논쟁은 보편적 복지와 선별적 복지에 대한 철학과 인식의 차이에서 비롯된 것이다. 보편적 복지와 선별적 복지는 각각의 장점과 단점이 존재한다. 그렇기 때문에 선별적 복지와 보편적 복지는 항상 사람들 사이에서 논쟁이 되는 이슈다. 이러한 맥락에서 무상급식에 대해서 토론해볼 수 있고, 더 나아가 복지에 대해서 분배의 문제인지 권리의 문제인지 토론해볼 수 있다. 이후 이 결과와 관련된 탐구보고서를 작성할 수 있다.

② **사회계열(정치외교학과)**

• 무상급식, 무상교육, 포퓰리즘인가? 복지정책인가?

　2010년 지방선거를 앞두고 지방자치단체장 및 교육감 후보들이 앞다투어 무상급식을 공약으로 내놓으면서 무상급식 문제는 중요한 문제로 부상했다. 무상급식을 찬성하는 측은 초등, 중등 교육이 헌법으로 규정된 의무 교육인 만큼, 급식 또한 국가가 담당해야 할 의무라고 주장했다. 반면, 무상급식을 반대하는 측은 무상급식은 엄청난 재정을 필요로 하며, 이는 선거를 노린 포퓰리즘이라고 주장했다. 이런 맥락에서 무상급식이 왜 포퓰리즘이라는 비판을 받는지에 대해 조사하고, 정치논리와 경제논리 중 무엇이 우선되어야 할지 토론해볼 수 있다. 현재 우리나라의 복지 정책에 대해 조사한 후 복지 정책의 문제점과 우리의 상황에 맞는 복지 정책은 무엇인지에 대해 탐구보고서를 작성할 수 있다.

 환경경영, 윤리경영

이슈 : 환경경영, 윤리경영	
주요 내용 : 이제 경영은 단순히 기업의 수익을 극대화하는 게 아니라 상품과 서비스가 만들어지는 과정까지 윤리적으로 소비자들의 눈높이에 맞춰야 한다. 기업의 경영에 대해 탐구해보자.	
경영·경제계열	'LG화학의 환경경영전략 및 시스템에 관한 사례연구'(김종대, 연병모)'를 읽고 : 환경경영 보고서 작성

① **경영·경제계열**

• 'LG화학의 환경경영전략 및 시스템에 관한 사례연구(김종대, 연병모)'를 읽고

　공장과 산업단지가 늘어남에 따라 환경오염이 심해지고 있다. 그 결과 사람들은 환경에 관하여 많은 관심을 가지게 되었고, 정부와 시민들은 환경오염을 막고 환경을 보존하기 위해 노력하고 있다. 기업들 또한 환경오염을 막고 환경을

보존하기 위해서 이를 고려한 경영 방안을 연구하고 이 방안을 실천하고 있다. 이러한 맥락에서 기업은 환경과 이윤 중 무엇을 우선시 해야 하는지에 대해 토론 및 탐구해볼 수 있다. 또한 이를 고려한 경영의 중요성과 구체적인 사례들을 알아보고 사례 비교를 통해 공통점과 차이점을 파악한 후, 더 효과적인 환경 경영전략을 탐구하고 발표할 수 있다.

학교활동 활용 사례

 체험학습

체험학습	
수련회, 체험학습, 수학여행, 대학탐방 등 교외로 나가서 하는 체험활동	
교육계열(사범대·교대)	현장체험학습을 통한 교육의 효과에 대한 탐구
인문계열(철학, 역사학)	수원 화성을 통해 본 정조의 정치철학
어문계열	사투리에 담긴 편견과 이해
광고·미디어계열	드라마 및 영화 세트장의 관광지화에 따른 명과 암

① 교육계열(사범대·교대)

• 현장체험학습을 통한 교육의 효과에 대한 탐구

매년 학사일정을 보면 수학여행, 현장체험학습, 수련회 등의 다양한 체험활동이 계획되어 있다. 하지만 다수의 학생들에겐 그저 놀러가는 날이라는 인식이 강한 편이다. 따라서 체험활동의 본연의 목적에 대해 알아보고, 실제 학생 및 교사들의 인식을 조사하여 진정한 교육활동으로 거듭나기 위한 방안을 제시해볼 수 있다.

② 인문계열(역사학)

• 수원 화성을 통해 본 정조의 정치철학

수학여행, 현장체험학습 등의 장소를 보면 대부분 유적지나 유명 관광지가 많은 편이다. 사전에 지역에 대한 조사를 통해 자신의 진로나 관심 분야와 연결하여 다양한 탐구 활동으로 이어갈 수 있다.

③ 어문계열

• 사투리에 담긴 편견과 이해

현장체험학습을 통해 여러 지역을 다니다 보면 각 지역마다 독특한 사투리 문화가 있음을 실감하게 된다. 지역별 사투리에 대해 조사하여 각 사투리의 특징과 우리가 가지고 있는 편견 등을 조사하고, 지역 정서에 대한 올바른 이해를 탐구할 수 있다.

④ 광고·미디어계열

• 드라마 및 영화 세트장의 관광지화에 따른 명과 암

국내 드라마와 영화 시장이 커짐에 따라 세트장 및 촬영지가 관광지로 꾸며져 지역경제의 주 수입원으로 활약하는 사례가 종종 있다. 이처럼 대문중화 콘텐츠를 활용해 관광지를 만들어 운영하는 것에 대한 장·단점에 대해 탐구해볼 수 있다.

TED, Youtube, K-MOOK 활용 사례

 안티 CEO

TED : 안티 CEO	
https://www.ted.com/talks/hamdi_ulukaya_the_anti_ceo_playbook?language=ko	
사회계열	지역사회에 대한 기업의 영향
어문계열	다국적 기업의 원활한 의사소통 대안
경영·경제계열	새로운 경영 방식과 효과

① 사회계열

• 지역사회에 대한 기업의 영향

　기업은 지역사회에 다양한 영향을 미치고 있다. 예를 들어, 어떤 지역에 공장을 지었는데 그 공장이 잘 운영된다면, 그 지역의 일자리가 늘어 경제가 살아나고 인구도 늘어나는 등 긍정적 효과가 발생할 수 있다. 반면, 공장이 하천에 오염물질을 방류한다면, 지역주민들의 건강이 나빠지는 등 부정적인 효과가 발생할 수도 있다. 이러한 맥락에서 기업이 지역사회에 사회적으로 어떤 영향들을 미치는지를 탐구할 수 있다. 어떻게 해야 기업이 지역사회에 미치는 부정적인 영향을 줄이고 선한 영향력을 증대시킬 수 있는지 보고서를 작성할 수 있다.

② 어문계열

• 다국적 기업의 원활한 의사소통 대안

　정보, 통신, 그리고 교통의 발달로 전 세계를 무대로 삼아 활동하는 다국적 기업이 등장했다. 이는 다양한 국적의 사람들이 함께 일하게 된 배경이 되었다. 이에 따라 다국적 기업들은 회사 내에서 사용하는 언어를 통일하기 시작했다.

이러한 맥락에서 사내 언어 통일의 사례를 찾아보거나 새로운 기업문화 형성, 언어 통일의 다양한 장점들에 대해서 탐구해볼 수 있다.

③ 경영·경제계열

• 새로운 경영 방식과 효과

과거 기업들은 위계질서를 바탕으로 하는 대표적인 관료제의 예시였다. 하지만 최근 들어서 일부 기업들은 이러한 구시대적인 경영방식에서 벗어나, 새로운 경영방식을 도입해 혁신하고자 노력하고 있다. 예를 들면, 일반적으로 기업들은 수익과 주주를 가장 중요시한다.

하지만 최근 들어서 일부 기업들은 공동체의 중요성을 강조하며 근무자들에게 지분을 나누어 주기도 하고 CEO가 소비자와 직접 소통한다. 기존의 CEO 지침서와는 거리가 멀지만, 이러한 새로운 CEO 지침서는 효과를 보이고 있다. 이러한 맥락에서 기존의 경영 방식과 새로운 경영 방식의 사례들을 조사하여 공통점과 차이점을 조사할 수 있다. 또한 이를 바탕으로 새로운 경영 방식과 효과에 대해 탐구할 수 있다.

 일제시대 조선의 영어교육

Youtube : 일제시대 조선의 영어교육	
https://www.youtube.com/watch?v=qaCnG937hOs&feature=share	
교육계열	일제시대 조선의 영어교육과 현 영어교육의 문제점 탐구하기
인문계열	일제시대 조선의 영어교육이 민족운동에 미친 영향 탐구하기

① **교육계열**

• 일제식 영어교육과 현 영어교육의 문제점

현재의 우리나라 영어교육은 과거 일제강점기 영어교육 방법에서 비롯되었다. 일제강점기 이전에는 영어 회화를 중요하게 생각했고, 음소문자인 한글을 통해 정확한 영어 발음이 가능했다. 하지만 일제강점기 이후, 영어 교육의 목적이 영어를 일본어로 번역하는 것으로 바뀌었다. 그로 인해 회화가 아닌 영어 독해와 문법을 중요시 여기게 되었다.

그리고 주로 원어민 교사가 교육을 담당했던 이전과는 다르게 일본식 영어교육을 받은 교사가 영어를 교육하게 되었다. 영어와 호환이 좋았던 한글과는 달리 일본어는 영어와 호환이 좋지 않아 조선인 학생들은 잘못된 발음을 배우게 되었다. 이렇게 조선인들의 영어 실력은 갈수록 나빠지게 되었고, 이러한 영어교육 방식은 오늘날까지 고착되었다.

이러한 맥락에서 일제강점기 영어 교육의 잔재와 현재의 영향을 조사할 수 있다. 이러한 문제점을 해결하기 위해 영어 교육 방법을 어떻게 바꿔야 할지 탐구할 수도 있다.

② **인문계열**

• 일제시대 교육이 민족운동에 미친 영향

일제강점기 당시 교육의 목적은 민족문화와 민족정신을 말살시켜 일제에 충성하는 조선 신민을 양성하는 것이었다. 그래서 일제는 조선인의 교육을 철저히 통제했고 식민지 교육을 시행하였다. 또한 교육환경에서 한일 학생의 차별대우를 통해 일자신 학생의 우월감과 조선인 학생의 열등감을 조장했고, 이는 학생들이 식민지교육에 대한 반감을 증폭시켜갈 수 있는 조건이 됐다.

그 결과 일제의 식민지 교육에 대한 학생들의 항쟁의식은 갈수록 높아갔다.

항일민족운동인 3·1운동, 6·10만세운동, 광주학생운동에 큰 영향을 미쳤다. 이러한 맥락에서 일제의 식민지 교육이 민족운동에 미친 영향에 대해 탐구할 수 있다.

 1인 미디어와 크리에이터

K-MOOC : 1인 미디어와 크리에이터	
http://www.kmooc.kr/courses/course-v1 : SDL+SDL001+2019-1/about	
광고·미디어계열	1인 미디어 확장의 문제점 및 과제 탐구

③ 광고·미디어계열

• 1인 미디어 확장의 문제점 및 과제 탐구

유튜브를 중심으로 1인 미디어가 기존 미디어 시장을 재편하고 있다. 단순한 취미가 돈이 될 수 있는 시대가 된 것이다. 다양한 1인 미디어 지원 사업이 더해져 신규 크리에이터도 1인 미디어 시장에 보다 쉽게 진입하고, 다양한 콘텐츠를 제작할 수 있게끔 노력하고 있다. 또 이렇게 제작된 콘텐츠들은 한 국가에만 국한되는 것이 아니라 전 세계의 시청자들에게 사랑받기도 한다.

하지만 1인 미디어는 부정적인 측면 또한 존재한다. 더 많은 시청자를 끌기 위해 자극적인 콘텐츠를 제작하기도 하며, 유행에 따라 콘텐츠가 몰려 다양성이 부족하다는 지적을 받기도 한다. 이러한 맥락에서 1인 미디어 확대로 인한 문제점을 분석하여 당면한 과제들에 대한 해결방안을 탐구해볼 수도 있다. 또한 1인 미디어 확장의 긍정적인 면을 조사하여 어떻게 긍정적인 면을 증대시킬 수 있을지 생각해볼 수 있다.

 안티 CEO	테드 : 안티 CEO 경영지침서 https://www.ted.com/talks/hamdi_ulukaya_the_anti_ceo_ playbook?language=ko
조선의 영어교육	유튜브 : 역사채널e – The history channel e_조선의 영어교육 https://www.youtube.com/watch?v=qaCnG937hOs&feature=share
 1인 미디어	K–MOOC : 1인 미디어와 크리에이터 http://www.kmooc.kr/courses/course-v1 : SDL+SDL001+2019-1/about

탐구보고서 목차 정하기

탐구보고서, 과제연구, 소논문 등의 이름을 들으면 특별한 학생만 하는 것이라는 인식이 있다. 그러나 책이나 기사를 읽으면 정말로 이것이 가능한 것인지 의문이 들 때가 있다. 그럴 경우 다음과 같이 목차를 세우면 쉽게 탐구보고서를 작성할 수 있고, 궁금한 내용을 해결할 수 있다. 좀 더 자세한 내용은 다음 장의 실제 탐구보고서 작성 사례를 보면 도움이 될 것이다.

교육계열(사범대·교대)

 다문화 인성교육의 유의미성 탐구하기

목차

I. 서론
　1. 연구배경

II. 본론
　1. 다문화 프로그램의 사례 분석
　2. 다문화 프로그램의 목적 및 내용구성
　3. 다문화 프로그램의 실시 전 인식조사 결과
　4. 다문화 프로그램의 실시 후 인식조사 결과
　5. 다문화 프로그램의 실시 효과 분석

III. 결론
　1. 다문화 프로그램과 인식 개선의 연관성 탐구
　2. 올바른 다문화 프로그램을 위한 개선점

IV. 참고문헌

인문계열(철학·역사학)

 삼국시대와 조선시대 장애인의 대우 및 관련 제도

목차

사회계열(사회학·심리학·정치외교학·행정학)

 코로나19 확산이 사회에 미친 영향

어문계열

 각국의 속담에 나타난 동물에 대한 인식 탐구

목차

경영·경제계열

 기본 소득제에 대한 이해와 전망

목차

광고·미디어계열

 바이럴 마케팅 논란과 사례조사

목차

PART
3

:
:

탐구보고서
작성 사례

장기 프로젝트

교육계열(사범대·교대)

 제목 : 문·이과 통합교육에 대한 교육자와 교육 수요자의 인식 차이

목차

초록

본 연구는 혼합적 연구 방법을 통해 문·이과 통합교육에 대한 교육자와 교육 수요자의 인식 차이에 대해 이해하고자 하였다. 먼저 고등학생 364명과 고등학교 교사 71명을 대상으로 설문조사를 시행하였고, 이후 교사 21명을 대상으로 심층면담을 실시하였다. 그 결과 교육 수요자가 교육자보다 문·이과 통합교육에 대해 부정적인 것으로 나타났다. 본 연구 과정에서 드러난 통합교육의 잠정적 부작용을 최소화하는 제도적 장치를 마련한다면 창의융합인재 양성이라는 통합교육의 취지를 살릴 수 있을 것으로 기대한다.

주요어 : 문·이과 통합교육, 분리교육, 부분적 통합, 수능개편안, 교육자, 교육 수요자

Ⅰ. 서론

2015년 9월 23일 교육부가 2015 개정교육과정을 발표하였다. 교육부는 인문계 고등학생들을 문과와 이과로 구분하여 교육시킨 지금까지의 방식과는 다르게 문·이과를 구분하지 않고 통합사회, 통합과학과 같은 공통과목을 신설한다는 것을 주요 내용으로 제시하였다.

교육부가 문·이과 통합교육을 실시하려는 이유는 첫째, 세분화된 교육 내용을 통합하여 교과서 분량을 줄이고 내용을 적정화하여 배움을 즐기는 행복학교를 만들고자 함이다. 둘째, 빠르게 변화하는 복잡한 미래사회에 대비한 창의융합형 인재를 양성하고자 함이다.

문·이과 통합교육의 기대효과와 그에 따른 여러 가지 장점들이 다양하게 예상되는 가운데, 변화하는 교육과정에 발맞추지 못하는 대학입시제도와, 이에

따라 가중될 학생들의 혼란, 부담 증가 등의 부작용에 대한 우려들도 상당히 많이 제기되었다.

결국 2017년 8월 교육부는 문·이과 통합교육의 폐지를 발표했다. 하지만 향후 문·이과 통합의 목소리가 다시 높아질 수 있을 것이다. 그러므로 교육현장의 주체들 사이에서 거론되는 다양한 의견을 좀 더 면밀히 검토한 뒤 이를 반영하여 통합교육이 지향해야 할 방향을 재정립하고, 예상되는 부작용을 최소화할 수 있도록 보완된 통합교육과정을 실시할 필요가 있다.

본 연구에서는 교육현장에서 가장 직접적인 역할을 하는 교육자와 교육수요자들이 통합교육에 대해 갖는 인식에 대해 연구했다. 이에 따라 본 연구에서 설정한 연구가설은 다음과 같다.

'문·이과 통합교육에 대해 교육수요자가 교육자보다 부정적일 것이다.'

II. 본론

1. 연구 방법

본 연구의 연구자들은 교육수요자와 교육자의 통합교육에 대한 전반적인 인식을 알아보기 위해 양적 연구방법을 사용하고, 교육자들의 생각을 보다 심층적으로 알아보기 위해 질적 연구방법을 사용하였다.

본 연구는 부산 북구에 위치하는 ○○고등학교(1,2학년) 학생을 대상으로 사전에 설문조사에 대한 협조를 구한 후 진행하였고, 회수된 설문지 364장을 근거로 결과를 산출하였다. 또한 ○○고등학교 교사 39명을 대상으로 설문조사를 실시한 뒤, 교사 단체 채팅방에 접속한 중등학교 교사 32명을 대상으로 온라인 설문을 실시하였다. 이후, 설문에 응답한 ○○고등학교 교사 중 21명을 대상으로 인터뷰를 진행하였고 이 중 문과담당교사는 10명, 이과담당교사는 11명이었다.

학생설문의 경우 총 문항 수는 5개로 구성되었다. 1번 문항은 학년을 파악하는 문항이었고, 2번~5번 문항을 통해 문·이과 통합교육에 대한 학생들의 의견을 알아 볼 수 있었다. 교사설문은 학생설문에서 1번 문항을 제외하고 동일하게 시행하였다.

2. 연구를 위한 준비절차

본 연구는 우선 양적연구로서 설문조사를 실시하여 학생과 교사가 문·이과 통합교육에 대해 얼마나 알고 있었는지, 이에 대한 인식이 긍정적인지 부정적인지와 그 이유를 알아보았다. 또한 어떤 교육과정이 학생들의 학업성취에 더 도움이 될 것인지, 현행 교육과정과 새로운 교육과정의 한계와 부작용은 무엇일지, 새로운 수능 개편안에 나온 탐구과목의 부분적 통합에 대해 어떻게 생각하는지 알아보기 위하여 질적 연구로서 심층 면담도 함께 시행하였다.

3. 자료수집

2017년 7월, ○○고등학교 1학년 163명, 2학년 201명, 교사 39명을 대상으로 설문조사를 실시하였다. 설문조사 앞부분에 이 연구의 목적, 성실한 응답의 바람 등을 명시하였다. 이후 8월, 설문에 응답하였던 교사 중 21명(이과 교사 11명, 문과 교사 10명)을 대상으로 일대일 심층면담을 실시하였다. 교사 설문 인원을 확보하기 위해, 10월에 교사 단체 채팅방에 접속한 교사 32명을 대상으로 온라인 설문을 추가로 실시하였다.

8월에 실시한 심층면담에서는 '문·이과 통합교육과 분리교육 중 어느 쪽이 학생들의 개인 역량 강화에 도움이 된다고 보십니까?'라는 질문을 시작으로 하여 통합교육에 대한 교사들의 전반적인 인식을 알아보았다.

이후, 교사들이 현 교육과정과, 통합교육과정에 대해 가지고 있는 구체적인 생각들을 심층적으로 알아보기 위해 '현행 분리교육에서의 한계, 통합 시의 예상되는 부작용은 무엇입니까?', '2021년 수능 개편안에 제시된 바에 따르면 수학 등을 배제한 탐구과목 위주의 부분적 통합교육이 실시될 예정입니다. 이것에 대한 개인적 의견을 제시하여 주십시오.'라는 질문을 포함하였다. 연구자는 질문지의 순서대로 면담을 진행하되 그 과정에서 필요한 추가 질문을 하는 방식으로 진행되었다.

4. 설문조사와 인터뷰 결과

⟨표1⟩ 문·이과 통합교육이 어떤 것인지 알고 계셨습니까?

	학생	백분율	교사	백분율
예	318	89%	63	89%
아니오	40	11%	8	11%
합	358	100%	71	100%

⟨표2⟩ 2018년도 고등학교 1학년부터 문·이과 통합교육이 실시된다는 것을 알고 계셨습니까?

	학생	백분율	교사	백분율
예	336	92%	60	85%

아니오	28	8%	11	15%
합	364	100%	71	100%

〈표3〉 2번에서 (예 : 알고 있었다)를 선택하신 분은 주로 어떤 방식을 통해 알게 되셨습니까?

	학생	백분율	교사	백분율
친구	56	15%	1	1%
학교	111	31%	30	53%
집	24	7%	0	0%
인터넷	126	35%	26	46%
SNS	45	12%	0	0%
기타	유튜브, 뉴스, 소문, 선생님, 학원, 친척, 아는 동생		뉴스, 연수	
합계	362	100%	57	100%

〈표4〉 문·이과 통합교육이 학생들의 학업성취를 높이는 데 효율적이라고 생각하십니까?

	학생	백분율	교사	백분율
예	127	35%	45	63%
아니오	235	65%	26	37%
합	362	100%	71	100%

〈표5〉 효율적이지 않다고 선택하신 분은 왜 효율적이지 않다고 생각하십니까?(중복선택가능)

① 교육제도가 문·이과 통합교육으로 바뀌어도 대학입시제도는 바뀌지 않을 것이다.

② 통합교육을 실시하였을 때 분리교육을 받은 학생이 재수를 하게 되면 불리하다.

③ 공부과목이 늘어나면 학생들만 힘들어질 것이다.

④ 수능필수과목이 늘어나면 오히려 사교육만 늘어날 것이다.

⑤ 자신의 진로와 관련 없는 과목을 배울 필요가 없다.

	학생	백분율	교사	백분율
①	67	13%	20	61%
②	123	25%	4	12%
③	131	26%	3	9%
④	86	17%	5	15%
⑤	93	19%	1	3%
합계	500	100%	33	100%

(기타의견)

• **효율적이다**

학생들에게 폭넓은 선택의 기회를 제공. 기초과학 및 사회과학 지식 제공. 문과라서 과학을 모르고 이과라서 사회를 안 배운다는 것은 잘못됨. 문·이과 구분 없이 인문학적, 자연과학적 소양을 함께 지녀야 급변하는 미래사회에 적합한 창조력을 갖춘 인재로 성장할 수 있을 것. 4차 산업혁명 시대를 맞이하여 융합인재의 육성이 필요. 학교 교육과정에서는 진로희망과 무관하게 다양한 내용을 배워야 함. 탐구과목 위주의 통합보다 진정한 통합교육을 희망. 분리교육은 학생들의 진로를 제한함.

• **비효율적이다**

변화된 교육과정에 대한 우려로 사교육이 늘어날 것. 학교 필수과목이 늘어나 학습 부담이 늘어날 것. 수능제도 개편 방향에 따라 기존에 실시되던 심화학습이 악화될 우려가 있음. 통합교육을 위한 제도적 마련이 충분하지 않음. 대학 입시 제도부터 바뀌어야 함. 교원이 원활히 수급되지 못할 것 같음.

다음은 ○○고등학교 교사들을 대상으로 한 인터뷰 결과를 정리한 것이다. 분리교육이 효율적이라고 생각하는 교사는 5명, 통합교육이 효율적이라고 생각하는 교사는 16명이다.

질문 l. **문·이과 통합교육과 분리교육 중 어느 것이 학생들의 개인 역량강화에 도움이 된다고 생각하십니까?**

• **분리교육이 도움이 됨** : 통합교육을 하면 상대적으로 과목을 얕고 넓게 배우게 될 것이다. 초·중·고1 때 접해본 다양한 과목을 바탕으로 계열을 선택하여 집중적으로 학습하는 분리교육이 각 계열에서 배우는 교과목을 좀 더 심화하여 학습할 수 있을 것 같다. 따라서 학생들의 개인역량 강화에 초점을 맞춘다면 분리교육이 더 도움될 것이다.

• **통합교육이 도움이 됨** : 현대사회에서 학생들이 마주칠 문제들은 단편적인 지식, 사고력으로는 해결하기 힘든 어렵고 복잡한 것들이다. 이 때문에 학생들은 편협한 시각을 버리고 보다 융통성 있게 자신과 타인을 바라보고 다양한 지식을 갖춘 인재로 성장해야 한다.
또 현 분리교육제도에서는 이과생은 감수성, 문과생은 논리적 사고, 수학적 능력이 결여된 것처럼 생각하고 행동하며, 타인을 비난하기까지 한다. 더하여 학생들 각 개인의 지적발달 시기는 차이가 있어서 각 영역별로 고교교육과정 수준이 너무 높은 수준으로 다가 올 수 있기 때문에 자신의 적성과 능력에 맞는 교육을 받는 것이 바람직하다. 따라서 통합교육은 변화가 다양한 시대에 알맞은 융합형 인간으로 적응할 수 있게 도와준다.

분리교육	심화학습 가능, 개인역량 강화
통합교육	융통성 있는 시각, 융합형 인간

질문 2. **현행 분리교육에서의 한계와 통합 시의 예상되는 부작용은 무엇입니까?**

- **분리교육의 한계** : 학생들의 통합적 성장을 저해하고 다소 편협한 시각을 가지도록 한다. 게다가 학생들 자신의 진학과 직접적인 관련이 없는 과목을 소홀히 여기는 경우가 많아 융합형 인재를 양성하지 못하고 있다. 또한 개인지능의 성장속도는 천차만별인데 현행분리교육은 이를 고려하지 않았다.
- **통합교육의 부작용** : 교육과정과 교과서가 그에 따라 제대로 정비되지 않으면 입시에 혼란이 유발될 수 있다. 또 학교 필수 과목이 늘어남에 따라 학생들의 학업 부담이 더 늘어나고 변화된 교육과정에 대한 우려에 따라 사교육이 증가할 수 있을 것이며 교육과정 구성과 교원 수급에 많은 어려움이 있다.

분리교육의 한계	편협한 시각, 진로와 관련 없는 과목에 소홀함, 개인의 성장속도를 고려하지 않음
통합교육의 부작용	교육과정과 교과서의 부족한 준비로 입시 혼란 유발, 학업 부담 증가, 사교육 증가, 교원 수급의 어려움

질문 3. 2021년 수능 개편안에 제시된 바에 따르면, 수학 등을 배제한 탐구과목 위주의 부분적 통합교육이 실시될 예정입니다. 이것에 대한 개인적인 의견을 제시해주십시오.

- **부분적 통합교육이 긍정적이라는 입장** : 고등학교 수준의 교육과정에서는 살아가면서 필요한 핵심 필수 지식들만을 습득하면 되고, 대학과정에서 필요한 과목을 깊이 있게 학습하면 된다. 탐구과목을 주제 중심 등으로 통합하되, 내용의 난이도를 낮춘다면 학생들의 학습부담은 줄이면서 통합적 성장을 촉진할 수 있는 긍정적인 방향이라고 생각한다. 다만 미리 교과서를 효율적으로 구성하고 교사들에게 연수를 하는 등의 준비과정이 필요할 것이다.

- **부분적 통합교육이 부정적이라는 입장** : 학생들의 융합적 사고력 배양, 지식 습득 등은 좋으나 공부해야 하는 학습량이 증가하지 않을까 하는 우려가 생긴다. 통합과학과 통합사회의 난이도가 너무 낮다면 배우는 의미가 없을 것이고 난이도가 너무 높다면 부담스러울 것이다. 또한 수학을 배제한 통합교육은 아무런 의미가 없다. 수학과목의 단계적 학습과정을 통해서 얻을 수 있는 논리적 사고는 모든 학생이 함양할 필요가 있다.

덧붙여 수능을 칠 때 각 대학이 원하는 수능성적이 있을 것인데 이게 절대평가화가 되어버리면 일종의 자격고사화가 되어버릴 것이다. 지금의 현행 입시제도에서 학생부 종합전형이 현대판 '음서제'라고 해서 특목고생이나 많은 사교육을 받을 수 있는 사람에게만 유리하다고 비판받는 와중에 수능의 절대평가에 따른 또 다른 대학별 고사의 실시는 추가적인 부담이 될 것이다.

III. 결론

1. 연구 결과

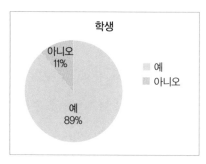
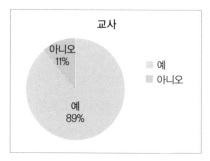

〈그림 1〉 문·이과 통합교육의 인지 여부

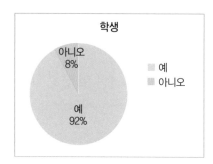
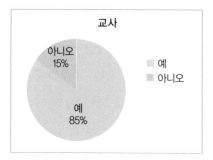

〈그림 2〉 문·이과 통합교육의 2018년도 시행에 대한 인지 여부

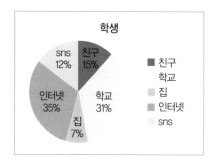
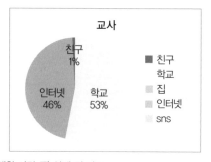

〈그림 3〉〈〈그림 2〉의 '예'를 선택한 사람 중) 알게 된 경로

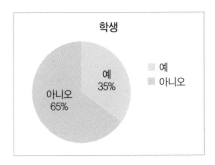 

〈그림 4〉 문·이과 통합교육의 효율성(예; 효율적이다, 아니오 : 비효율적이다)

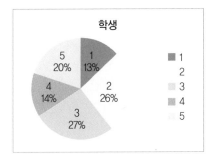 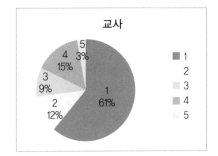

〈그림 5〉 (〈그림 4〉에서 '아니오'를 선택한 사람 중) 효율적이지 않다고 생각하는 이유

① 교육제도가 문·이과 통합교육으로 바뀌어도 대학입시제도는 바뀌지 않을 것이다.

② 통합교육을 실시하였을 때 분리교육을 받은 학생이 재수를 하게 되면 불리하다.

③ 공부과목이 늘어나면 학생들만 힘들어질 것이다.

④ 수능필수과목이 늘어나면 오히려 사교육만 늘어날 것이다.

⑤ 자신의 진로와 관련 없는 과목을 배울 필요가 없다.

본 연구의 학생 대상 설문조사에서 문·이과 통합교육이 학생들에게 효율적이라고 생각하는가에 대한 질문에 약 65% (응답자 364명 중 235명)가 '아니오'라고 대답했다. 그 이유로는 '자신이 잘하는 과목을 선택해서 심층적으로 배웠으면 좋겠다' 또는 '사람마다 재능이 다르다' 등의 의견이 나왔다.

교사들 중 71명을 대상으로 한 설문조사에서 문·이과 통합교육이 학생들에게 효율적이라고 생각하는가에 대한 질문에 약 63% (응답자 71명 중 45명)가 '예'라고 대답했다. 그 이유는 '4차 산업혁명 시대를 맞이해 미래에 적합한 융합 인재의 육성이 필요하다', '학생들의 흥미는 시시때때로 변하는데 이들을 문, 이과로 나누는 것은 학생들의 진로에 제한이 된다' 등의 의견이 있다.

이러한 설문조사 결과를 보았을 때 '문·이과 통합교육에 대해 교육 수요자가 교육자보다 부정적일 것이다.'라는 가설은 채택된다.

2. 제한 및 한계

본 연구의 제한점 및 한계는 다음과 같다.

첫째, 본 연구 결과는 모든 청소년들에게 일반화시키는 것이 어려울 수 있다. 본 연구의 대상이 된 학생의 경우 화명동 소재의 학교 학생으로 한정한 것이기 때문이다. 이에 후속연구에서는 보다 다양한 지역의 학생들을 대상으로 표집대상을 선정하여 더욱 심층적인 분석이 이루어져야 할 것이다.

둘째, 교사의 표집인원이 적다는 것이다. 교사의 경우 전국의 교사를 대상으로 하였음에도 불구하고, 학생만큼 많은 수를 확보하기 어려워 적은 수로 결과를 낼 수밖에 없었다. 이에 후속연구에서는 보다 많은 교사들을 대상으로 설문조사를 실시함으로써 좀 더 일반화할 수 있는 결과를 내야 할 것이다.

셋째, 설문지 미 응답 항목으로 인해 설문지 각 항목의 응답 한계가 다르다는 것이다.

3. 의의 및 기대효과

이러한 제한점에도 불구하고 본 연구는 양적인구와 질적연구를 병행한 혼합연구법을 사용한 연구라는 점에서 의의가 있다. 본 연구에서는 설문조사와 함께 심층면담을 진행함으로써 통합교육과정에 대한 교사의 인식에 대한 보다 구체적이고 실제적인 정보를 얻을 수 있었다.

나아가, 이 연구를 통해서 드러난 학생, 교사가 통합교육과정에 대해 우려하는 점을 교육정책 입안자들이 해결할 필요가 있다. 교사 대상 설문조사에서, 통합교육과정이 효율적이지 않다고 한 응답자들 대부분은 그에 대한 이유로 변화된 교육과정에 따라 대학입시제도가 바뀌지 않기 때문이라는 것을 선택했다. 또한 교육과정은 바뀌지만 실제로는 문과, 이과에서 배우는 사회, 과학 과목 수를 달리해서 현행되고 있는 문·이과 체제를 유지하는 학교가 많기 때문에 통합교육과정의 취지가 실현되지 않을 것이라는 우려도 있었다. 따라서 차후 통합교육과정을 운영하기 위해서는, 먼저 교육과정과 일치하도록 수능제도를 개편하는 등 통합교육이 실현되기 위한 제도적 장치를 충분히 마련해야 할 것이다. 또한 각 단위 학교에서 변화된 교육과정의 취지를 이해하고 이에 맞는 학교 교육과정을 운영할 수 있도록 다양한 교사, 관리자 대상 연수를 실시하여야 할 것이다.

한편, 학생 대상 설문조사에서, 통합교육과정에 대해 부정적으로 생각한다는 응답자 중 대부분은 그 이유로 공부과목이 늘어남에 따라 증가할 학업부담을 꼽았다. 이를 통해 볼 때, 변화되는 교육과정이 학생들에게 부담을 주지 않도록 교과서 내용을 학생들이 꼭 알아야 할 핵심내용을 중심으로 개편하여 통합교육과정의 기본 취지를 살릴 수 있도록 해야 할 것이다.

이렇듯 본 연구에서 나타난 통합교육과정을 실시할 때 나타날 수 있는 부작용을 최소화하는 제도를 마련한다면, 문·이과 통합교육이 창의융합인간을 양성하고자 하는 기본 취지를 살릴 수 있을 것으로 기대한다.

Ⅳ. 참고문헌

1. 김성회, 「[매경 데스크] 문·이과 통합이 과학교육 축소냐?」, 『매일경제』, 2014년 9월 18일.

2. 이덕환, 「문과와 이과 구분은 정말 없어져야 한다」, 『조선일보』, 2013년 9월 30일

3. 변태섭, 「[수능 문·이과 통합 공론화하자]」 『한국일보』, 2013년 9월 2일

4. 신진, 「문·이과 수능 응시 6 : 4, 기업 채용은 2 : 8···이공계 비중 늘려 '취업 미스매치' 해결을」, 『중앙일보』, 2014년 10월 22일

5. [Daum백과] 문과·이과 통합교육 – 트렌드지식사전5, 김환표, 인물과사상사

🔍 선배의 탐구보고서 의미 들여다보기

● **탐구보고서 작성에 참여한 계기**

선택과목인 '사회문화' 수업의 수행평가가 연구 계획서를 제출하는 것이었다. 수행평가를 위해 연구 계획서를 제출했다가 그 계획서가 창의과제연구발표대회의 예선을 통과하게 되면서 그때부터 본격적인 연구를 하게 되었다. 연구 주제를 정할 때 고민을 많이 했는데 그 중에서 우리와 가장 밀접하게 관련되어 있는 카테고리인 교육에 중점을 두고 생각해보기로 했다.

그 당시에 화제가 되고 있었던 문·이과 통합교육에 대해 다뤄보자는 얘기가 나왔다. 교육과정이 바뀌게 되면 당연히 수능과목의 내용도 변할 거라고 생각해서 우리와 같은 또래인 친구들은 재수밖에 못 하고 한 학년 아래의 후배들은 재수도 못 한다는 인식이 강했다. 자연스럽게 학생들은 문·이과 통합교육에 부정적일 것이라는 가설이 세워졌고 그렇다면 학교 선생님들은 이에 대해 어떻게 생각할까? 하는 궁금증이 생겼다. 그래서 연구 주제를 '문·이과 통합교육에 대한 교육자와 교육 수요자의 인식 차이'로 결정하게 되었다.

● 탐구보고서 작성 시 맡은 역할과 노력과정

전반적인 연구에 참여했으며 그중에서 설문지 작성과 설문조사 통계내기가 기억에 남는다. 학교 선생님들이 바쁘시고, 많은 학생들을 지도해주어야 하기에 심층면담에 참여하는 분이 적었다. 사전에 충분한 시간적 여유를 가지고 미리 연락을 하여야 도움을 받을 수 있다. 통계자료는 많을수록 좋기 때문에 최대한 많은 선생님들이 참여할 수 있도록 설득하려고 노력했다.

● 탐구보고서 작성을 통해 배우고 느낀 점

처음에는 문·이과 통합교육을 초점에 두고 정한 이 주제가 학생신분인 우리와 정말 밀접하게 관련이 되어있어서 마냥 쉽게 연구가 진행될 거라고 생각하고 있었다. 연구를 진행하는 연구자가 그 주제에 대해 명확하게 알고 있어야 하기 때문에 문·이과 통합교육에 대해 자세하게 공부해보려고 했는데 아무래도 교육과정은 한 나라의 '정책'이기 때문에 한 줄만으로 설명될 수 있는 그런 게 아니었다. 세부적인 내용이 엄청 많았고, 연구를 본격적으로 시작하기 전부터 주제를 너무 어렵게 잡은 것은 아닌가 하는 후회도 많이 들었다.

그리고 연구를 하면서 진행한 설문조사를 통해 생각보다 다수의 학생이 문·

이과 통합교육을 알지 못한다는 것을 보고 조금 충격을 받았다. 아무래도 자신들의 입시와 관련된 거라 당연히 잘 알고 있을 거라 생각했기 때문이다.

또한 연구를 하는 과정이 결코 쉬운 것이 아니라는 것을 알게 되었다. 설문조사를 실시하면서 우린 학생이니까 전문적인 통계프로그램을 가지고 있지 않았기 때문에 설문조사 통계를 일일이 손으로 내야 했다. 모든 설문조사 종이를 보면서 통계를 냈던 것과 심층면담을 하기 위해 바쁘게 학교를 뛰어다녀야 했던 일들은 논문은 결코 쉽게 만들어지는 것이 아니라 많은 시간과 노력을 필요로 한다는 것을 느끼게 해주었다.

제목 : 새로운 교복, 생활복의 필요성

목차

Ⅰ. 서 론

이 연구는 본교의 교복 착용실태를 파악하고 학생의견을 최대한 조사하여 학생들이 만족할 수 있는 교복 개선 방향의 한 방안을 제시하는 데에 목적을 두었다. 이러한 목적을 달성하기 위해 1,2학년 재학생들을 대상으로 현재 착용하고 있는 교복에 대한 인식, 만족도 및 생활복 도입에 대한 인식에 대한 조사를 실시하였다.

본 연구는 설문지를 측정도구로 사용하였으며, ○○고등학교를 대상으로 한 설문에서는 총 560부의 설문지를 배부하였으며 최종적으로 회수된 총 400부의 설문지가 분석에 사용되었다. ◇◇고등학교를 대상으로 한 설문의 경우 총 150장의 설문지가 분석에 사용되었다. 이외에도 인터뷰, 실험 등의 측정방법을 사용하였음을 연구에 앞서 밝힌다.

1. 연구 동기(목적)

문재인 정부가 교복을 축소시키고 생활복 도입제를 추진하며, 경기도에 있는 대부분의 고등학교에서 이미 생활복 도입을 시행하고 있음을 인터넷 뉴스를 통해 접하게 되었다. 본 팀의 본교인 양산 ○○고등학교 현재 교복이 지닌 여러 문제점으로 인해 교복 착용이 잘 이루어지지 않다는 생각이 들어 현재 교내 교복 착용실태를 알아보고, 이를 해결하기 위한 방안으로 생활복 도입을 제시하고자 한다.

이를 위해 생활복 도입에 대한 ○○고등학교 재학생의 인식을 조사해보고, 학생들의 현명한 결정을 돕기 위해 생활복에 대한 정확한 정보를 제공하는 데에 연구의 초점을 맞추었다.

또한 생활복이 도입된 타 학교 사례를 조사함으로써 생활복을 도입함으로 얻을 수 있는 실제적 효과를 알아보고 학생들을 위한 참고자료로 제시하고자 한다.

2. 연구 문제
① 설문조사 및 인터뷰를 통한 양산 ○○고등학교 재학생들의 교복 착용 실태 파악
② 설문조사를 통해 학생들이 교복에 느끼는 불편함의 정도 파악

③ 설문조사를 통한 생활복 도입제도에 대한 재학생 인식 조사 및 찬반 원인 파악

④ ○○고등학교 재학생을 대상으로 한 설문조사를 통해 생활복 도입의 실제 적 효과와 학생들의 실제 의견 조사

II 이론적 배경

2018년 7월 4일 문재인 정부가 교복리셋 정책(생활복 도입제도)을 활성화하고 자 하는 의지를 밝혔다. 문재인 대통령은 학생들이 좀 더 편안하게 교복을 입을 수 있도록 해주자는 취지로 교복리셋 제도와 같은 제안을 했다고 언급하였다. 이로 인해 현재 교복을 활동성 있는 티셔츠·반바지 생활복으로 바꾸는 이른바 '교복 리셋' 움직임이 본격화되고 있다.

이미 한가람고등학교는 장시간 불편한 셔츠와 치마를 입기 힘들어하는 학생 들을 위해 후드와 반팔 티셔츠를 기성 교복과 혼용할 수 있게 바꿨다. 또한 충 주 중산고등학교는 펑퍼짐한 티셔츠와 반바지를 생활복으로 도입하였다. 현재는 전국의 많은 고등학교가 생활복을 도입한 상황이다.

생활복 도입 제도 배경

교복의 불편함

대형 교복업체 매장에 서 서울 C고교 하복 교복 상의를 구매해 초등학교 5학년용(11~12세) 아동복 티셔츠 크기를 비교한 자

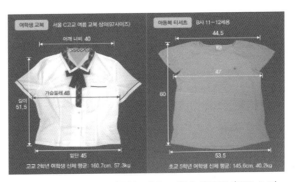

출처 : 여고생 교복, 초5 아동복보다 8cm 짧네_동아일보(2018. 7. 5.)

료를 조사해보니 어깨 넓이, 길이, 밑단이 모두 아동복보다 작았다. 특히 교복 길이는 51.5cm로 아동복(60cm)보다 8.5cm나 짧았다. 대상 교복은 고교 2학년 여학생의 평균 체형(키 160.7cm, 몸무게 57.3kg)에 맞춘 사이즈이다.

Ⅲ. 연구 과정

1. 교내 교복 착용 현황

1) ○○고등학교 재학생 1,2학년(400명 변수 제외) 대상 설문조사

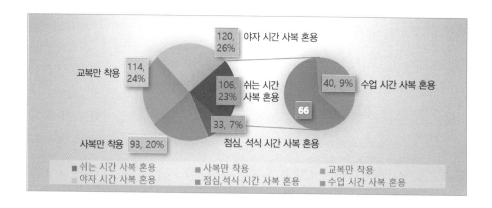

사복과 교복을 혼용해서 착용한다(246표)는 의견과 교복만 착용한다(114표)의 2배 이상 차이가 발생했다. 교내에서 사복만을 착용한다(93표)는 의견은 전체 23.23%를 차지한다는 결과가 나왔다. 이는 교내 교복 착용이 잘 지켜지고 있지 않는 상황을 단적으로 보여주고 있다.

2) ○○고등학교 생활지도교사 인터뷰

Q : 학생 지도를 하시면서 학생들이 교복 착용 규정을 잘 지킨다고 느끼시나요?
A : 사실 지도를 하다 보면 지키지 않는 애들이 더 눈에 띕니다. 그래서 아직 만족스러운 단계는 아니고 학년이 올라갈수록 더 지키지 않는 모습에 아쉽습니다.

Q : 그렇다면 가장 큰 원인이 뭐라고 생각하시나요?
A : 사실 교복이 불편한 게 가장 큰 이유라고 생각합니다.

Q : 현재 상황을 해결할 수 있는 가장 좋은 방안이 뭐라고 생각하시나요?
A : 현재로서는 학생 인식 개선과 생활복 도입이 해결에 도움이 될 듯합니다.

Q : 생활복을 도입함으로써 학생들이 무분별하게 사복 착용하는 것을 막을 수 있다고 보시나요?
A : 아마 좀 더 효율적이고 편안한 생활을 할 수 있겠죠?

인터뷰 대상 : 양○○ 선생님(○○고등학교 지도교사)

2. 교복 착용에 대한 학생 인식 조사

1) ○○고등학교 재학생 1,2학년(400명-변수 제외) 대상 설문조사

– 설문항목

가. 교복을 착용하는 데 불편함을 느끼는가?

교내 교복 착용이 매우 불편하다고 느끼는 학생이 37.25%로 가장 많았고, 이는 불편하지 않다고 느낀 학생(9표)과 145표 차이가 나는 압도적인 결과이다.

교복에 느끼는 불편함의 정도와 선택 비율이 반비례 관계에 있음을 보아 학생들이 평소 교복을 착용함에 있어 많은 불편함을 겪었다는 사실을 느낄 수 있다.

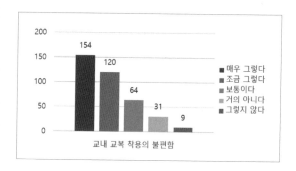

3. 생활복 도입에 대한 학생 인식 조사

○○고등학교 재학생 1,2학년(400명-변수 제외) 대상 설문조사

– 설문항목

가. 교내 생활복 도입에 대해 어떻게 생각하는가?

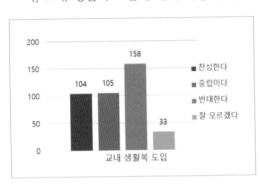

설문조사 결과 반대표가 39.5%로 가장 많았고, 찬성표와의 표 차이는 54표가 차이가 난다. 본 연구팀이 설문 이전 예측한 결과는 찬성표가 가장 많고 반대표가 가장 적다는 분석이었지만 실제 찬성표는 중립표와 비슷하게 26%만을 차지하였다. 사복이 무분별하게 혼용되는 상황에도 불구하고 재학생의 39.5%가 생활복 도입에 대해 부정적인 의견을 가지고 있다는 결과가 나왔다. 이는 찬성표보다 54표가 많은 수치로, 본 연구팀은 이에 의문을 느껴 반대 이유에 대한 추가 설문을 진행하였다.

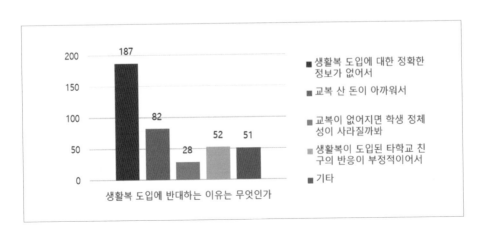

설문 결과 생활복 도입에 대한 정확한 정보가 없어서라는 항목이 46.75%로 절반에 가까운 수치를 기록했으며, 기타표가 12.75%로 높은 비중을 차지하였다. 기타 중 61%가 사복을 허용하는 방안이 더욱 실용적일 것이라는 동일한 답변을 보였다.

이에 본 연구팀은 생활복 도입에 대한 부정적 반응의 주원인이 생활복 도입에 대한 정보가 부족하기 때문이라는 판단을 내리고, 양산 내 생활복 제도를 시행 중인 ◇◇고등학교에 대한 조사를 통해 생활복 도입에 대한 학생들의 실제 의견을 토대로 한 정확한 정보를 참고자료로 제시하고자 한다.

4. 인근 고등학교 생활복 도입 현황

ㅁㅁ고등학교는 2017년 생활복 도입제를 추진하여 현재 1학년은 생활복 의무 착용, 2, 3학년은 생활복 선택 착용제를 실시하고 있다. 물금 고등학교의 경우 전교생 설문조사를 실시한 결과 생활복 도입에 대한 찬성이 과반수로 학생들의 반응이 긍정적이었고, 학생 대다수가 생활복이 활동하고 입기에 편하다는 인식을 지니고 있는 상황이어서 생활복 도입이 단기간에 추진될 수 있었다.

본 연구팀은 물금 고등학교 교문에서 ㅁㅁ고등학교 재학생 150명(1학년)을 대상으로 설문조사를 진행하여 생활복 도입 이후 느낀 직접적 변화와 학생들의 실제 의견을 알아보고자 한다.

설문항목

가. 생활복 도입 후, 생활복에 대한 자신의 의견은 무엇인가?

생활복 도입에 대해 긍정적으로 생각하는 학생들이 48.7%(73표)로 가장 많았고, 이는 생활복을 부정적으로 받아들이는 25.4%의 학생들과 35표의 차이

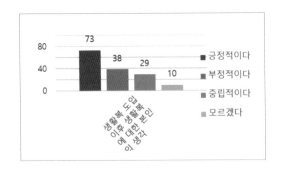

가 난다. 이에 생활복 제도를 도입해 실행하고 직접 입어보면서 긍정적 효과를 얻었음을 알 수 있다.

나. 생활복 도입에 대해 긍정적이라면 그 원인은 무엇인가?

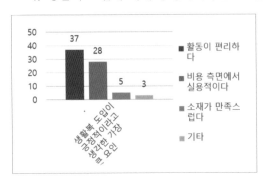

나) 항목 설문 결과, 가) 항목에서 생활복에 긍정적인 태도를 보인 73명 중 37명(50.7%)가 활동함에 있어 편리하기 때문이라는 답변을 택하였다.

또한 비용 측에서 실용적이다는 의견이 38.3%로 높은 수치가 나왔다. 이번 설문을 통해 교내에 생활복을 도입함으로써 학생의 불편함이 감소하고 가격 부담이 줄어드는 효과가 있었음을 알 수 있었다.

다. 생활복 도입에 대해 부정적이라면 그 원인은 무엇인가?

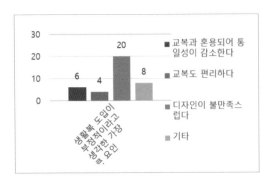

반면, 생활복 도입이 부정적이라고 응답한 학생을 대상으로 한, 다) 항목에서 38명중 20명, 즉 52.6%의 학생들은 디자인이 불만족스럽기 때문이라고 답하였다. 이는 과반수를 넘어가

는 수치이다. 가장 비율이 낮은 항목은 교복도 편리하다는 답변으로 설문 대상자 중 10.5%의 비율이다. 이 외에도 통일성이 감소된다는 항목에 15.8%가 답하였으나 이는 ㅁㅁ고등학교가 생활복 재도를 도입한 지 1년밖에 안 된 시기이고, 2,3학년은 교복 착용이 허용된다는 특수성을 감안하여 분석에서 제외하였다.

Ⅳ. 결론

교내 교복 착용현황을 알아보기 위해 실시한 재학생 대상 설문조사와 지도교사 인터뷰 결과 과반수가 사복과 교복을 혼용하여 입고 있으며 실제 교복만을 착용하는 학생은 400명 중 24%에 그쳤다. 이에 학생들이 느끼는 교복의 불편함 정도에 대한 조사를 통해 교내 교복 착용이 잘 이루어지지 못하고 있는 원인을 찾고자 하였다.

교복의 체감 불편 정도에 대한 설문결과 교복이 매우 불편하다고 느끼는 학생이 약 40%로 가장 많았고, 교복에 불편함을 느끼지 않는 학생은 400명 중 9명으로 가장 적었다. 이를 바탕으로 본 연구팀은 교복의 불편함을 개선하기 위한 방안으로 생활복 도입을 제시하였다.

재학생을 대상으로 생활복 도입에 대한 설문조사를 진행하였다. 결과는 예측과 다르게 반대표의 비율이 가장 높았다. 반대표는 전체 400표 중 158표를 차지하였다. 본 연구팀은 생활복 도입에 반대하는 주원인을 알기 위해 추가 설문을 진행하였다. 설문조사 결과 반대를 선택한 학생 158명 중 46.75%가 생활복 도입에 대한 정확한 정보가 부족하기 때문이라는 항목에 답하였다.

이에 학생들에게 생활복 도입의 효과와 타 학교 학생들이 직접 느낀 생활복에 대한 의견을 참고자료로 제시하여 학생들의 결정을 돕고자 하였다. 이미 생활복이 도입된 인근 고등학교 학생들을 대상으로 실시한 설문조사 결과로 생활복의 편리함과 비교적 저렴한 가격을 소개하였다.

이러한 연구를 토대로 본 연구팀은 교내에서 교복 착용을 폐지하고, 생활복 도입을 실시하는 것이 바람직하다고 주장하며 이번 연구가 학생들의 인식 개선을 위한 참고자료로 사용되기를 바란다.

V. 참고문헌

1. 중고등학생의 교복 착용실태와 만족도 비교. 한국의류산업학회. 이지민, 이정란, 구영석

2. 중학생의 여름철 교복 및 생활복 착용실태에 관한 연구. 생활자원개발연구소. 김윤희, 이진희

3. https://m.post.naver.com/viewer/postView.nhn?volumeNo=16109528&memberNo=32787874&vType=VERTICAL

4. http://news.heraldcorp.com/view.php?ud=20180711000076

5. https://m.post.naver.com/viewer/postView.nhn?volumeNo=10711639&memberNo=16990721&vType=VERTICAL

6. http://riss.kr/search/detail/DetailView.do?p_mat_type=be54d9b8bc7cdb09&control_no=38ff0e338bfb8690

7. http://riss.kr/search/detail/DetailView.do?p_mat_type=be54d9b8bc7cdb09&control_no=19e341eae0c11f6dffe0bdc3ef48d419

● 탐구보고서 작성에 참여한 계기

평소 학생 복지 향상에 관심이 많았다. 그래서 교복이 지닌 여러 문제점으로 인해, 교복 착용이 잘 이루어지지 않는 점을 개선해야 한다고 생각했다. 그러던 중, 정부가 교복을 축소시키고 생활복 도입제를 추진하며, 경기도에 있는 대부분의 고등학교에서 이미 생활복 도입을 시행하고 있음을 인터넷 뉴스를 통해 접하게 되었다. 이런 점에서, 생활복 도입이 교복 착용 문제의 해결책이 될 수 있다고 생각했다.

이를 위해 생활복 도입에 대한 재학생의 인식을 조사해보고, 학생들의 현명한 결정을 돕기 위해 생활복에 대한 정확한 정보를 제공하고자 생활복을 주제로 탐구보고서를 작성하고자 했다.

● 탐구보고서 작성 시 맡은 역할과 노력과정

내가 보고서를 작성하는 데 주로 맡은 역할은 설문지를 작성하고 조사 결과를 분석하는 역할이었다. 교내 교복 착용실태를 알아보고 생활복에 대한 정확한 정보를 제공하고자 하는 탐구보고서의 목적에 맞는 질문들을 만들어내고, 많은 설문지를 수거하여 설문 결과를 도출하는 것에 어려움을 겪었다. 하지만 기존에 이루어졌던 연구들을 살펴보며, 어떠한 질문을 만들어낼지 가닥을 잡을 수 있었다.

이렇게 설문지를 통해 얻은 결과를 유용한 자료로 바꾸는 과정을 통해 통계에도 관심을 가지게 되었고 탐구보고서도 성공적으로 작성할 수 있었다. 또한 생활복에 대한 정보를 조사하는 과정에서 현재 교복의 개선해야 할 점과 어떠한 점에서 학생들이 불편함을 느끼는지를 알게 되어 탐구보고서를 작성하는 데 도움이 되었다.

● 탐구보고서 작성을 통해 배우고 느낀 점

탐구보고서를 작성하면서 가장 인상 깊었던 점은 학생 복지에 대한 학생들의 인식이 변화했다는 점이다. 과거 학생들이 교복에 의문을 가지는 것은 반항으로 간주되었다. 하지만 탐구보고서를 작성하는 과정에서, 지금 본교 학생들은 교복에 불만을 가지고, 그에 대한 해결방안에 대해 고민하는 모습을 알 수 있었다. 이렇게 학생들이 자신들의 복지에 관심을 가지게 된다면, 앞으로 학생들의 복지 향상에 큰 도움이 될 것이라고 생각한다.

인문계열(철학·역사학)

📍 제목 : 고려~조선시대의 상업 정책과 연관성 탐구

목차

Ⅰ. 서론

1. 연구 배경

조선, 고려시대 정부가 농민들과 상인들을 위한 많은 정책을 도입하였는데 그들이 살아가기 힘들었던 이유가 궁금하였다. 그래서 고려시대부터 적용한 정책과 그 정책의 문제점을 알아보고, 정책의 목적을 이루기 위해서 필요한 것이 무엇인지 알아보기 위해 연구를 하게 되었다.

II. 본론

1. 고려~조선시대의 상업 정책의 변화

고려시대 상업 활동을 살펴보면 개경에 시전을 설치하고 국영 점포를 개설하고 정부에서 화폐를 만들어 보급하였다. 그 목적은 국가가 경제를 장악하기 위해서였다. 하지만 자급자족적인 경제구조와 물물교환으로 인하여 실패하고 말았다.

고려시대에는 919년(태조 2) 개성에 시전을 설치하고, 이를 보호 감독하는 기관으로 경시서(京市署)를 설치, 물가를 조절하고 상품의 종류도 통제하여 관청에서 허가된 상품 외에는 자유매매를 할 수 없도록 하였고, 만약 이를 어겼을 경우에는 엄벌에 처하였다. 또한 시전은 경시서에서 가격에 대한 평가를 받고, 세인(稅印)을 찍은 다음에야 상품을 판매할 수 있었다.

고려 후기에는 국가 재정 증대를 목적으로 소금 전매제가 시행되었다. 그리고 건원중보, 삼한통보, 해동통보, 숙종 때 만들어진 은병과 같은 화폐들도 상업 정책의 한 부류다.

조선시대로 넘어가면서 조선정부가 초기에 억상정책을 펴면서 자유로운 상공업의 활동을 억제하여 상공업이 부진하였다. 유교적 경제관에 따른 소비 억제정책으로 사치·낭비·빈부의 격차를 방지하고자 하였다.

조선 때에는 시전정책이라든가 그런 것을 빼면 대부분 민영이 주도했다 봐야 한다. 시전은 태조 즉위년 경시서(뒤에 平市署로 개칭)를 설치하여 물가조절·상업

세 징수·도량형기의 단속 등 시전의 행정사무를 맡아보게 하였으며, 별도로 청제감(淸齊監)을 두어 시가의 청결을 감독하게 하였다. 이것은 농본주의에 입각한 조선왕조의 상업억압정책의 일환이었다.

2. 고려~조선시대의 상업 활동의 변화

1) 고려시대 상업 활동

고려시대의 상업은 초기에는 국내 상업이 주를 이루었다. 그리하여 개경, 서경, 동경 등 대도시에서는 시전이 형성되었고, 그밖에 책이나 약 또는 차 등을 파는 상점도 형성되었다. 지방 상업은 주로 관아 근처에 일시적으로 개설하는 비정기 시장의 형태였다. 주로 행상이 지방 시장에서 물건을 판매하거나 방문판매를 하였다.

고려 후기 개경에서는 인구 증가로 인하여 상품수요가 늘어나면서 시전의 규모가 확대되고 업종별 전문화 현상이 나타나게 된다. 이후 상업 활동이 도성 밖으로 확대되고 벽란도 등 항구가 발달하여 상업이 발달하려는 모습을 보여주었다. 고려 후기 지방 상업은 행상의 활동이 활발해지고 조운로를 이용한 교역이 활성화되었고, 육상로 개척으로 육로를 이용한 상업 활동도 이루어지게 되었다. 하지만 고려가 상업을 중시한 것은 맞지만 고려는 여전히 농업 중심 국가였고, 상업이 이전에 비해 상대적으로 발전한 것이지 그렇게까지 발달한 것은 아니었다.

2) 조선시대의 상업 활동

조선 초기에는 무본억말(務本抑末)정책을 써서 농업을 먼저 장려하고 그 다음을 상업으로 하는 방식이었다. 왜냐하면 농민들이 땅을 버리고 상업에 뛰어드는 것을 막기 위함이었다. 그러다가 농업과 수공업이 발전하면서 상업도 발달했다. 수도인 서울에서는 고려 때와 같이 시전이 있었다. 종로의 한 구역을 설정해서 시전이 있었다. 지방에서의 대표적인 상업 활동으로는 정기 시장인 장시가 대표적이었다. 처음에 정부에서는 이익만을 좇는다고 장시를 금지하였다.

성종실록을 보면 (호조에서 아뢰기를, "전에 전교를 받드니, '폐단을 진술한 사람이 말하기를, 전라도(全羅道) 무안(務安) 등 모든 고을에서 상인들이 장문(場門)이라 일컫고 여러 사람이 모여 폐단을 민간에 끼친다 하니, 장문을 폐해야 하느냐 두어야 하느냐를 의논하여 아뢰라.' 하였으므로, 신 등이 전라도 관찰사 김지경에게 이문(移文)하였더니, 김지경이 보고하여 이르기를, '도내 여러 고을의 인민이 그 고을 길거리에서 장문(場門)이라 일컫고 매월 두 차례씩 여러 사람이 모이는데, 비록 있는 물건을 가지고 없는 것과 바꾼다고 하나, 근본을 버리고 끝을 따르는 것이며, 물가(物價)가 올라 이익은 적고 해가 많으므로, 이미 모든 고을로 하여금 금지시켰다.' 하였습니다. 청컨대 다시 관찰사로 하여금 엄중히 금단하게 하소서.")라는 대목이 있듯이 처음에는 장시를 금지하였다.

근대 이전인 세종 때도 지방에 시장을 열자는 논의가 있었지만 실행하지는 않았다. "신이 일찍이 중국에 들어가서 풍윤(豊閏)·옥전(玉田) 두 고을을 둘러보니, 비록 작은 고을이나 모두 시사(市肆)가 있어, 사방의 인민들이 숲처럼 모여서 가진 물건으로 없는 물건을 바꾸니, 행여인(行旅人)으로 길이 막혀서 다니기가 어려웠습니다." 이를 본다면 중국은 비록 작은 고을일지라도 모두 시장이 있는데, 지금 우리나라에서는 서울에서만 시장이 있고 각도의 고을에는 모두 시장이 없으니, 비록 전폐가 있을지라도 물건을 살 시장이 없으니, 도리어 돈을 못 쓰는 물건으로 생각하고 백성들이 사용하지 아니하였다. 중국의 제도에 의하여 "외방의 고을에 모두 시장을 열면, 돈이 저절로 흥용될 것입니다."라고 하였다. 임금이 말하기를, "만약 외방에 시장을 열면, 놀고먹는 사람이 많아질까 두렵다. 그러나 우리나라에 출산되는 인구는 많은데 전토가 적어서 경작할 만한 땅이 적으니, 이로써 말하면 비록 시장을 열지라도 아무런 해가 없을 듯하다."

그 후 18세기 말이 되면서 상업이 발달하였는데 그 배경은 농업, 수공업, 광업의 생산력이 증가, 대동법 시행 공인의 활동, 도시인구의 증가가 요인이었다. 한성에서 활동한 경강상인, 개성에서 활동한 송상, 의주의 만상, 동래의 만상과 같은 사립상인이 정조의 통공정책으로 활발히 활동하고 일부는 상업 자본을 축적하여 독점적 도매상인인 도고로 성장했다. 장시가 전국에 1000곳에 이를 정도로 확산이 되었다. 장은 요즘으로 치자면 역세권으로 하루 생활권 거리인 3~40리의 거리를 두고 섰으며, 처음에는 10일이나 15일에 한 번씩 열리다가 17세기를 지나면서 점차 5일장으로 정착되었다.

그리하면서 우리가 이름을 들어본 대구 약령시 같은 전문 시장이 이 시대부터 나오고. 2.7장(2, 7, 12, 17, 22, 27일에 열림)을 중심지로, 그 주변에 1.6장(1, 6, 11, 16, 21, 26일에 열림), 3.8장, 4.9장, 5.10장과 같은 장의 형식이 나타났다. 포구가 상업중심지로 성장하였다. 간단하게 표로 정리하면 다음과 같다.

	고려시대	조선 전기	조선 중기	조선 후기
수도에서의 상업 활동	시전	시전	난전이 나오기 시작	시전과 난전의 활동도 활발해짐
지방에서의 상업 활동	비정기 시장에서 물건 팔고, 행상이 활동함	성종 때부터 장시활동에 관한 기록이 나옴	명종 때 장시활동을 허가함	장시가 발달되고 포구상업이 활발해짐
시장의 방식 또는 정책	대도시는 시전, 지방은 비정기 시장	시전(특정상품의 독점 판매권차지)	명종 때 시장개설 날짜를 정해 일시에 장시를 서게 함	5일 간격으로 장시가 열리고 전문시장의 등장

1. 상업 정책과 상업 발전

고려시대에는 주즙지리라고 하여 배를 통한 해상 이익을 강조하며 상업을 배척하지 않았다. 게다가, 국영 점포를 운영하는 등 국가 차원에서 상업을 장려하기 위해 노력했다. 하지만 상업이 당시 고려의 주된 산업이 아니었고, 농업이 주된 산업이었다. 상업의 발달은 농업의 발달을 전제로 해야 하는데, 고려는 무신정변기와 원 간섭기를 거치며 귀족들의 토지 독점, 농민의 유랑화, 그리고 토지 황폐화가 심해져 상업이 발달하기 어려운 환경이었다.

조선시대에는 성리학이 건국이념인 국가였다. 그렇기에 농업을 천하의 근본이 되는 산업이라고 여겼다. 반면 상업은 농업과 달리 스스로 생산하는 것은 아무것도 없으며, 중간에서 이익을 취하는 산업이라고 여겼다. 또한 상업의 발전은 노비제 사회의 붕괴를 야기하기 때문에 당시 기득권층은 사농공상을 주장하며 상업의 발달을 막기 위해 노력했다. 그 결과, 상업은 발달하기가 어려웠다. 하지만 이후 이양법, 상품작물의 보급으로 농업 생산력이 증가했고, 조선 후기 상업이 발달할 수 있게 되었다.

고려는 상업 발달을 위해 노력했지만 상업이 발달하지 못했다. 반면, 조선은 상업을 억제했지만 후기엔 상업이 발전하게 되었다. 이로 미루어 보아 상업 정책과 상업발달이 대응관계가 아니라는 것을 유추할 수 있다.

2. 상업 정책과 사회현상

조선의 사농공상 정책은 위장취업 문제를 야기했다. 대다수의 당시 농업 종사자들은 혼자서도 충분히 할 수 있는 일을 여러 명이서 다 같이 하였다. 그리고 한정적인 땅에 더 열심히 일을 한다고 해도 생산량이 늘어나는 것도 아니었기 때문에 하루에 노동하는 시간이 적었으며 농한기에는 아예 노동을 하지 않았다. 농업 이외에는 다른 직업의 길이 없었기 때문에 남는 시간에는 비생산적으로 시간을 보냈다. 게다가 사농공상의 위계질서는 사대부들이 노동을 경멸하게 만들었고, 평생 노동과 담을 쌓게 만들었다.

상업 정책이 상업발달과 일대일 대응 관계는 아니지만, 다른 사회현상에 영향을 미침을 알 수 있다.

3. 시사점

정책은 그 목적을 달성하기에 필요하지만 목표를 달성하기 위해 부가적인 지원책도 필요하다는 것을 알게 되었다. 특히, 사회 분위기가 많은 영향을 미친다는 것을 알게 되었다. 그럼으로 사회 복합적 관계를 이해하며 정책 수립과 지원책까지 같이 고려해야 함을 깨닫게 되었다.

Ⅳ. 느낀 점

• 참여자 1 : 생각보다 토지제도가 상당히 복잡한 시스템으로 이루어져 있었다. 하지만 현재보다 과거에 토지제도가 상류층에게 더욱 유리하다는 것을 알게 되었다. 토지제도가 그 시대의 분위기를 좌우한다는 점도 알 수 있었다. 조원들과 역할분담도 잘 되어 체계적으로 진행되고 새로운 것을 배울 수 있는 뿌듯한 시간이었다.

• 참여자 2 : 이전까지 사회, 경제에 관해서는 항상 딱딱하게 여겼고 이해를 하려고 하지도 않았다. 역사를 공부할 때도 마찬가지로 마냥 어렵게만 느꼈다. 하지만 이번에 상업제도의 변화에 대해 조사를 하면서 이때까지 내가 생각해온 것들이 틀렸음을 깨달았다. 그전에는 관심 없었던 경제적인 부분에 흥미를 조금 갖게 되었다.

• 참여자 3 : 먼저 조원끼리 함께 모여 상의하면서 보고서를 작성한 것이 흥미로웠다. 이 주제를 단순히 암기하였던 것을 '왜 그러지?, 그 이유가 무엇이지?' 궁금증을 가지고 조사하면서 더 깊게 알게 된 점이 한국사가 재미있는 과목과 시간이 되었다.

• 참여자 4 : 이번 역사 수행평가를 하면서 고려시대부터 조선시대까지의 세금제도에 대해 조사하며 안정적인 국가경영의 근본으로써 세금이 갖는 의미와 제도, 세금의 운용에 대해 알게 되었다. 그리고 〈다시 찾는 우리역사(한영우)〉, 〈농사하고 장사하고(송기호)〉, 논문을 통해 현대 세금운용과 비교를 할 수 있었다. 또한 정책이 백성들의 삶에 많은 영향을 끼쳤다는 사실을 통해 현대사회에서 정책이 올바르게 운용되어야 한다는 것을 알게 되었다.

• 참여자 5 : 상업을 억압하는 정책을 펼치지 않았더라면 외국보다 더 빨리 우리나라가 발전하지 않았을까 생각하면서 조금 아쉬움을 가지게 되었다. 4차 산업혁명에서 다양한 기술의 개발로 빠르게 발전하는데 제제보다 마음껏 기술을 개발하고 적용하면서 보완하는 포괄적 네거티브 정책이 도움이 되어 세계를 이끌어가는 대한민국이 되기를 희망한다.

- 참여자 6 : 예전 선조들이 살던 모습을 살펴보면서 지금도 옛날과 크게 다르지 않다는 생각을 했다. 조사하면서 지금의 모습과 과거의 모습이 맞닿아 있는 면을 보면서 사람 사는 것은 꽤나 비슷하다는 생각을 가지게 되었다. 그러면서 그 당시의 살던 사람들의 생활사를 통해 미래를 예측하는 인문학의 중요성을 깨닫게 되었다. 조선왕조실록, 한국민중사 등의 자료를 보면서 상업 활동의 변화를 통해 미래 경영과 경제를 예측하고 발전시킬 수 있도록 기여하는 사람이 되고 싶다.

선배의 탐구보고서 의미 들여다보기

● 탐구보고서 작성에 참여한 계기

평소 역사와 경제에 관심이 많았다. 어떻게 하면 국가의 경제를 활성화시킬 수 있을지 고민해보았고 내가 생각하기엔, 상업은 새로운 물건을 생산하지 않고도 가치를 창출할 수 있다는 점에서 상업이 살아야 국가 경제가 활성화된다고 생각했다. 그래서 상업 활성화를 위한 정부의 역할과 정책에 대해 관심을 가지게 되었고, 이에 대해 고민해보았다.

그러던 중, 수업 시간에 고려와 조선시대의 상업 활동에 대해 접하게 되었고, 나라의 기틀을 잡아가던 고려와 조선시대의 상업 정책과 상업이 어떻게 발전했는지 궁금해졌고 이러한 내용을 바탕으로 충분히 교훈으로 삼을 수 있는 현대 사회의 적용점이 있을 것이라 생각했다.

● 탐구보고서 작성 시 맡은 역할과 노력과정

이 탐구보고서를 작성 시 내 역할은 조선시대 상업 활동에 대한 자료를 조사하는 일이었다. 정확한 자료를 얻기 위해서, 논문 사이트 RISS를 통해서 논문을 이용하거나, 시립도서관을 방문하여 관련 도서를 읽어 보았다.

이미 역사 시간에 배운 내용이며, 초·중학교 과정에서도 배웠기 때문에, 처음에는 자료 조사가 쉬울 것이라고 생각했지만 논문과 도서에 적힌 내용은 과거 기록을 인용하고 있어 용어가 어려웠고 내용 또한 이해하기 어려웠다. 게다가 발표하기 위해서 어려운 단어와 깊은 내용을 친구들의 이해를 위해 쉽게 바꾸는 것 또한 어려웠다.

● 탐구보고서 작성을 통해 배우고 느낀 점

탐구의 주된 키워드는 상업 정책과 상업 활동이었지만, 주제에 대한 깊은 이해를 위해서 당시의 조세 제도와, 당시의 주된 산업인 농업 그리고 농업 정책까지도 알아보았다. 그런 과정을 통해서 당시 왜 조선 정부가 농업을 장려하고 상업을 억압했는지 이해할 수 있었다. 처음에는 조선 정부가 농업을 장려하고 상업을 억제했던 이유를 단순히 당시 조선인들이 쌀을 주된 식량으로 이용했기 때문이라고 생각했다. 하지만 노예제 유지 및 화폐 사용의 어려움 등 여러 요인들이 복합하게 작용한 결과임을 알게 되었다.

이를 통해 역사는 현대의 시각으로 이해해야 하는 것이 아니라, 그 당시의 시각으로 보는 것임을 깨닫게 되었다. 또한 조선의 정책과 그로 인한 영향들을 조사하면서, 사회는 하나의 요인이 아니라 다양한 요인들이 상호작용하여 이루어지는 것을 깨달았다.

제목 : 동물윤리 탐구서 – 부제 영화 '돌고래의 슬픈 눈물'을 보고

연구 분야	동물 윤리	이 름	○○○
영화 정보	세계적인 돌고래 조련사, '릭 오베리'는 '잘 조련된' 돌고래가 자신의 눈앞에서 자살하는 것을 보고 돌고래 조련이라는 직업에 회의를 느끼게 되었다. 오베리는 이후 돌고래 보호를 위해 많은 활동에 나서게 됐는데, 돌고래 학살이 일어나는 일본의 다이지 마을에서 돌고래 학살의 실태를 고발하려는 오베리 측과 돌고래 학살을 은폐하고자 하는 일본 정부 및 마을 주민들 간의 갈등이 이 영화의 주요 내용이다.		

Ⅰ. 서론

1. 연구 목적

영화 더코브 ; '돌고래의 슬픈 눈물'이라는 다큐멘터리 실화영화를 보고, 전 세계적인 규모로 벌어지는 불법 동물 포획, 동물 실험과 같은 관례를 두고 대립하는 양측의 입장에 대해 고찰하게 되었다. 이에 영화에 대한 감상을 바탕으로 실제 현상을 윤리 사상에 접목해 이론적으로 다뤄보고, 양측의 입장을 환경윤리사상가들의 관점에서 비교분석하고자 한다. 또한 돌고래 포획의 법률적 한계를 밝히고, 이에 관해 사회가 지향해야 하는 방향을 제안하고자 한다.

2. 이론적 배경

1) 환경 윤리
① 인간 중심주의
아리스토텔레스 – 모든 존재는 목적을 지닌다. 식물은 동물을 위해 동물은

인간의 행복을 위해 존재한다.

　베이컨 - 과학적 지식을 통해 자연을 지배해야 한다. 자연은 인간의 노예이므로 인간이 자연을 정복해야 한다는 정복지향적 자연관을 지니고 있다.

　데카르트 - 이성 능력 유무가 우열을 결정하므로 인식의 주체인 인간이 객체인 나머지 자연에 비해 우월하다. 동물은 영혼 없는 기계라는 동물 기계론을 지지한다.

　칸트 - 의무론적 관점에 의거해 동료 인간에게는 직접적인 도덕적 의무가 있다. 그러나 나머지 자연에 대해서는 간접적인 의무가 있을 뿐이다. 이때의 간접적 의무란 동물을 인간의 도덕적 완결성을 위한 도구적 가치로 여길 때 발생한다.

　② 동물 중심주의

　싱어 - 동물해방론 ; 공리주의에 영향을 받아 이익의 평등한 고려원칙을 주장한다. 따라서 쾌고감수능력을 지닌 존재인 인간과 동물을 평등하게 고려해야 한다.

　레건 - 동물권리론 ; 의무론에 영향을 받아 삶의 주체인 존재는 도덕적 권리를 지닌다고 주장한다. 따라서 인식, 지각, 기억능력이 있는 일부 포유류는 도덕적 권리를 지닌다.

　③ 생명 중심주의

　슈바이처 - 생명외경사상의 영향을 받아 모든 생명체가 내재적 가치를 지닌다고 주장한다. 생명의 동등성에 따라 생명체의 위계서열을 부정하지만 생존을 위한 불가피한 경우에는 예외적으로 생명의 차등성을 인정한다.

　테일러 - 모든 생명체가 목적론적 삶의 중심이며, 고유한 선을 지닌다. 따라서 모든 생명체의 내재적 가치를 인정하고, 자유를 간섭해서는 안 된다.

④ 생태 중심주의

레오폴드 - 지구의 모든 존재가 내재적 가치를 지니며 전체 생태계의 안정성과 통합성이 개별생명체보다 중요하다.

2) 동물윤리 심화

세계 동물권리 선언 전문

- 생명은 하나다. 모든 생명체는 공동의 기원을 가지고 있으며 종의 진화 과정에서 다양화되었다.
- 모든 생명체는 천부적 권리를 가지며, 신경 시스템이 있는 동물은 특별한 권리를 가지고 있다.
- 이들 생명체의 권리에 대한 경멸 혹은 무지는 심각한 자연파괴와 동물에 대한 죄악을 초래한다.
- 인류가 다른 동물의 권리를 인식할 때 우리는 다양한 생명체와 공존할 수 있다.
- 인간이 동물을 존중하는 것은 인간이 다른 인간을 존중하는 것과 다르지 않다.

3. 동물실험 실태

1) 동물실험의 긍정적 변화

목이 고정된 토끼들이 들어간 작은 상자들이 줄지어 늘어서 있다. 이 토끼들의 눈에는 화학물질이 몇 시간 간격으로 주입된다. 사람의 눈과는 달리, 토끼의 눈은 주입된 이물질을 씻어낼 만한 눈물이 분비되지 않는다. 눈이 타 들어가는 고통에 몸부림을 치던 토끼가 틀에 고정된 목뼈가 부러져 죽기도 한다. 이런 고통을 사흘간 이겨내고 생존한 토끼들은 결국 안락사되고 안구는 적출되어 약물에 대한 반응을 관찰하는 용도로 사용된다.'

출처 : 꿀 들어갔나요? 동물 실험은요?" 비건 화장품이 뜬다_조선일보(2018. 7. 10.)

우리가 일상생활에서 쓰는 샴푸, 마스카라가 생산되기 전 거쳐야만 했던 과정이다. '드레이즈 테스트(Draize Test)'라고 불리는 이 실험은 화장품이 눈에 들어갔을 때 안점막을 자극하는 정도를 알아보기 위해 사용되었다.

그러나 이제 동물을 사용하지 않고도 정확히 안전성을 검증할 수 있는 '대체실험법'이 많이 개발되어 쓰이고 있다. 화장품 원료가 피부를 자극하는 정도를 보기 위해 과거에는 털을 민 토끼나 기니피그의 피부에 화학약품을 바르는 방법이 쓰였지만, 이제는 시험관에 배양된 인간의 피부 세포를 사용한다. 약품에 대한 동물 피부의 반응이 아닌 '사람 피부'의 반응 정도를 가늠해볼 수 있다는 얘기다. 첨단 과학기술을 이용한 대체실험법은 수십 년 전부터 쓰이던 동물을 이용한 시험보다 더 예측치가 높고, 장기적으로 보았을 때 비용도 적게 드는 경우가 많다. 현재 '경제협력개발기구(OECD)'에 의해 화장품의 안전성을 검증할 수 있는 대체실험법 가이드라인이 있다.

2) 근본적 한계

동물실험을 대체할 실험법의 개발과 실행에도 불구하고 한국은 아직 현행법상 동물실험이 요구되고 있지는 않지만 금지되어 있지도 않기 때문에, 회사들은 신 원료 개발이 필요할 경우 언제라도 동물실험을 할 수 있고, 최악의 경우 동물실험이 이미 금지된 나라의 화장품 회사들이 우리나라로 옮겨서 동물실험을 하게 될 가능성까지 열려있는 실정이다. 화장품 회사, 제약회사와 같이 동물 실험을 관례처럼 실시했던 회사들이 아직도 동물을 활용한 영리적 활동에서 자유롭다는 현실이 현재 동물의 도덕적 권리에 대해 재고해야 할 필요성을 느끼게 하는 상황이다.

4. 본론

1) 영화 배경
프로젝트 진행자 – 릭 오베리

미국의 릭 오베리는 세계 최초 돌고래 조련사로 미국 인기 드라마 '플리퍼'에 출연시킬 돌고래를 조련하며 돌고래 사업을 부흥시킨 사람이다. 세계적인 돌고래 조련사, 릭 오베리는 잘 조련된 돌고래가 자신의 눈앞에서 자살하는 것을 보고 돌고래 조련이라는 직업에 회의를 느끼고, 이후 남은 인생을 돌고래 보호를 위해 많은 활동을 하며 보낸다.

2) 다이지 돌고래 학살 실태
다이지에서는 해마다 9월부터 이듬해 봄까지 돌고래 무리를 만으로 몰아넣어 전시용 돌고래는 산 채로 포획하고 나머지는 작살로 찔러 죽이는 배몰이 사냥법으로 매년 2,000마리 가까운 돌고래들이 목숨을 잃는다. 2017년에는 1,940마리의 사냥을 허가했다. 해양 동물 전문 보호단체 핫핑크돌핀스에 따르면 다이지 어부들은 작살로 찔러 죽이는 대신 돌고래들의 급소라고 할 수 있는 숨구멍 바로 아래 부분을 쇠꼬챙이로 찔러죽이고 그 자리에서 피가 나오지 않도록 찌른 자리에 코르크 또는 나무 막대기를 꽂아 넣는 새로운 학살 방법을 적용하고 있다.

하지만 쇠꼬챙이에 찔린 돌고래들은 즉사하지 않고 몸부림을 치면서 서서히

죽어간다. 이는 일본 동물의 복지와 처우에 관한 법률에 기반해서 비인도적이고, 비윤리적인 살상으로써 금지되어야 한다는 게 핫핑크돌핀스 측의 주장이다. 다이지에서는 하루 평균 21마리의 들쇠고래가 도살되고 성체가 되지도 않은 세 마리는 산 채로 포획돼 평생을 좁은 수조 안에서 살게 된다고 한다.

3) 동물보호단체 입장

국내 일본대사관 앞에는 동물단체 6곳이 한 자리에 모여 일본 와카야마현 다이지(太地)에서 벌어지는 돌고래 사냥 중단을 촉구하기 위해서이다. 다이지 돌고래 사냥은 전 세계적으로 비판을 받으면서 지난 2015년 세계동물원수족관협회는 다이지에서 포획된 돌고래의 수족관 반입을 금지한다고 선언까지 했다. 동물보호단체들은 한국 정부도 일본의 돌고래 사냥에 책임이 있다고 주장하고 있다. 우리나라는 중국, 러시아와 함께 다이지에서 포획된 돌고래를 가장 많이 수입하는 국가 중 하나이기 때문이다.

일본 재무성에 따르면 2009년부터 5년 동안 일본에서 수출된 돌고래 354마리 중 우리나라로 수입된 돌고래는 35마리에 달한다. 동물 복지 문제 연구소 어웨어는 "지난 수년간 환경부는 돌고래 수족관과 체험시설이 성행하도록 무분별하게 수입허가를 내주었다."며 "돌고래 수입을 금지하고 수족관 내 번식을 금지하는 등 적극적인 고래보호정책을 마련해야 한다."고 지적하였다. 동물보호단체들은 일본 정부에 돌고래 사냥 중단을 촉구하고, 환경부에는 고래류 수입과 신규 수족관 건립, 수족관 내 번식을 금지할 것을 요구하고 있다.

출처 : 해양환경단체 핫핑크돌핀스

4) 영화 내용

'더 코브 ; 돌고래의 슬픈 눈물'은 다큐멘터리 영화로, 다이지의 잔인한 돌고래 학살을 폭로하기 위해 만들어진 프로젝트 영화이다. 일본의 작은 마을, 다이지의 바닷가에서 매년 2만 마리가량의 야생 돌고래가 무분별한 포획 활동으로 인해 죽어가고 있다.

이 영화는 돌고래를 학살하는 과정을 충격적일 정도로 선명하게 묘사했다. 일자신들은 청각에 민감한 돌고래들의 특성을 이용해 막대기와 망치를 수중에서 두들겨 소음을 발생시키고 수면 근처로 몬 다음에 창으로 찔러 죽여 익사시키는 방식이다. 바다에 가라앉을 때까지 창으로 여러 번 찌르는데 그 과정에서 피가 바다를 물들일 정도였다. 그걸 보며 '시체가 산이 되고 피가 강을 이룰 정도였다.'라는 그 상투적인 표현이 전혀 과장이 아니라는 것을 알 수 있었다. 바다가 돌고래들의 피로 인해 바닷물이 새빨갛게 변할 정도였으니 그 충격적인 광경에 나를 포함한 영화를 본 사람들 대부분이 경악했을 것이다.

또한 영화 촬영진들이 일본 정부 및 지역민으로부터 탄압받는 과정 또한 있는 그대로 필름에 담아냈다. 촬영진에게 일부러 시비를 걸어 폭행 사건이 일어나면 그걸 빌미삼아 마을에서 추방시키고자 하는 어부, 카메라로 모든 활동을 다 찍고 있는 경찰 등. 이 난관을 해결하고자 촬영진은 돌 모양의 겉모습으로 위장한 카메라를 도입하는 등 실태를 밝히기 위해 온갖 노력을 기울인다. 그리고 일본 정부의 기존 주장인 '돌고래 대량 학살은 일어나지 않으며, 즉시 죽이기 때문에 고통은 없을 것'이라는 게 거짓말이라는 것을 밝히는 데 성공한다. 또한 수은이 농축된 돌고래 고기가 지역 학교 급식에 유통될 예정이며, 돌고래 고기의 수은 농축도가 기준치의 2000배를 초과한다는 사실까지 밝혀낸다.

5) 영화 감상

나는 이 영화를 보는 90여 분의 시간 동안 긴장감을 늦출 수 없었다. 소설이나 영화 등의 작품에서 독자를 몰입시키기 위해서는 명확한 갈등 구조가 필수적이라고 생각한다. 이 작품도 그렇다. 명확한 갈등 구도가 형성되어 있었고, 갈등 요소들이 서로가 첨예하게 대립하는 부분이라서 누구 하나 양보할 수 없었기 때문에 관객들은 갈등이 어떻게 해결될 것인지 몰입하게 되는 구조였다.

또한 다큐멘터리 영화의 장점인 사실성을 살렸다. 돌고래 학살이 일본에서 실제 일어나고 있는 일이라는 것을 누구나 알 수 있도록 학살 과정을 그대로 보여주었으며, 일본 정부가 환경단체의 마을 진입을 금지하거나 경찰서에 구류하는 등, 실상을 알리는 것을 막는 과정도 빼놓지 않고 담았기 때문에 마치 내가 다이지 마을에 있는 것과 같은, 내가 촬영진의 일부가 된 것 같은 현실성을 관객들에게 보여준다.

그리고 일본 정부에 대해서도 다시 생각해보는 계기가 되었다. 촬영하면서 나온 모든 증거가 일본 정부가 사실을 은폐하고 있다는 것을 가리키고 있기 때문에, 일본 정부가 잘못을 인정하고 돌고래잡이를 금지하거나, 최소한 잡는 양을 줄이는 방법밖에는 없다고 나는 생각했다. 하지만 일본 정부는 지금도 돌고래잡이를 계속하고 있다. 일본은 돌고래잡이와 아무런 관련이 없는 나라에 막대한 지원금을 주면서 국제포경위원회에 고래잡이와 관련된 안건이 상정될 때마다 일본에게 표를 주도록 유도하고 있다.

일본 정부 관계자는 촬영진 측이 제시한 증거에도 답변을 끊임없이 회피하는 언행을 보여주었다. 나는 이것을 보면서 인간이 이익 앞에서는 얼마나 잔인할 수 있는가 생각해보게 되었다.

V. 결론

　생명 윤리적인 관점에서 보면 일본이 돌고래 사냥을 지속할만한 근거는 없다. 규정의 허점을 파고든 것은 둘째 치더라도, 돌고래에 창을 꽂아 바닷물 속에 익사시켜 포경을 하는 방식은 생명윤리와 정면으로 위배된다. 현 시점에서 포경을 하는 페로 제도의 어부들과 가장 차이가 나는 부분이다. 페로 제도의 어부들은 정해진 돌고래만 특수 제작된 도구를 통해 고통 없이 한 번에 죽이는 방식을 취하는데, 이는 최대한 동물의 고통을 억제했다는 점에서 어느 정도 생명윤리와 부합하는 면이 있다.

　하지만 일본의 돌고래 포경행위는 어떠한 논리로도 옹호받을 수 없다. 그럼에도 일본 정부는 돌고래 고기를 판매하고, 살아 있는 돌고래를 수출하는 학살행위를 지속하고 있다. 이와 같은 행위가 관례처럼 지속된 데에는 특수한 배경이 있다.

　이는 종교와 조상 숭배가 만연하는 다이지의 전통문화에서 찾을 수 있다. 다이지의 시장 카이 씨는 동물을 특별한 생물이 아닌 자원으로 생각하고, 포경은 마을을 끈끈하게 묶어주며 지역의 정체성과 자부심에서 분리할 수 없는 것이라고 주장한다. 또한 고래잡이꾼들이 돌고래를 포획하기 시작한 주원인이 단백질 섭취를 위해서였다는 것을 강조하였다.

　우선 이와 같은 주장은 슈바이처의 생명 중심주의와 관련된 오류가 있다. 슈바이처는 생존을 위해 필요한 경우에만 생명의 차등성을 예외적으로 인정하는 학자이다. 그러나 현재 다이지에는 돌고래를 제외하고도 충분한 단백질 공급원이 존재하며, 돌고래가 인간 생존을 위해 필수적이라고 할 수 없다. 결국 그의 주장은 인간 중심적 사상에 한정되어 있다는 것이다.

　이는 아리스토텔레스의 인간 중심주의에서 찾을 수 있다. 동물은 인간의 행복, 문화를 위해 존재한다는 아리스토텔레스의 주장이 돌고래를 다이지의 정체성과 자원을 위한 도구로 여기는 카이 씨의 입장의 이론적 사상적 근거가 되고 있다. 아리스토텔레스는 쾌고감수능력이 있는 존재인 동물의 고통을 고려하지 않았다는 근본적 한계가 있다. 이와 같은 맥락으로 다이지 포경 또한 돌고래의 목에 쇠꼬챙이를 찌르는 행위는 돌고래의 고통을 전혀 고려하지 않았다는 문제가 있다.

이로 인해 다이지의 돌고래 포경에 반하는 여러 동물 보호 단체들이 존재한다. 동물 보호 단체의 근거는 피터 싱어의 사상에서 찾아볼 수 있다. 싱어의 동물 중심주의는 동물도 쾌고감수능력을 지닌 존재로, 인간과 같이 고통을 느낄 수 있다는 사실을 전제로 한다. 이같이 동물 보호 단체는 고통을 느끼는 동물을 인간과 평등하게 고려해야 한다고 여기며, 다이지의 돌고래 포경행위는 동물의 도덕적 윤리적 권리를 무시하는 행위라고 주장한다. 그러나 합리적인 주장에도 불구하고 양측 간에는 여전히 상호 협력이 거의 없다. 즉, 이렇다 할 윤리적 진전이 이루어지지 않고 있는 상황이다. 그 이유는 법률적 한계에서 찾을 수 있다.

매년 고래를 보호하기 위해 IWC가 개최되지만, 일본의 입지와 수익성 때문에, 돌고래는 항상 고래잡이 보호 대상에서 제외되었다. 또한 일본은 국제포경위원회의 규정을 교묘하게 이용했다. '과학적인 목적의 포경은 허용한다.'와 국제포경위원회에서 관리하는 대상에서 제외된 돌고래만을 집중적으로 파고들어 고래는 '과학적인 목적'으로 포경하고, 국제포경위원회가 관여하지 않는 돌고래는 규정의 미숙함을 이용해 포경하는 것이다. 또한 세계 각국에서 돌고래 수입에 대한 법률적 제재가 없다는 것도 대표적인 이유 중에 하나이다.

이를 막기 위해서는 국가, 즉 소비자가 행동 변화를 취하는 것이 중요하다. 우선 동물 보호 단체가 주장하였듯 돌고래의 수입을 제재하여 수요를 줄이는 것이 가장 중요하다. 이를 위해서는 시위, 기자회견, 캠페인 등을 토대로 돌고래

쇼에 거부감을 느끼지 못했던 소비자들의 인식 변화가 전제되어야 한다.

이로 인한 긍정적 변화로 2018년 국내 야생동물의 보호 및 관리에 관한 법률 시행령 개정을 통해 불법적으로 포획된 돌고래에 대한 법률적 제재가 이루어지기 시작했다. 동물 포획, 동물 실험과 같은 행위는 국제적, 영리적 이해관계가 얽인 경우가 많고, 이를 무력화하기 위해서는 소비자들의 수요를 줄여 공급을 억제시키는 방향이 가장 이상적이다. 돌고래에 그치지 않고, 또 한국에 그치지 않고 전 세계적으로 동물의 권리에 대한 법률적 기초를 다지기 위해서는 소비자에게 계속해서 동물 학대 실태에 대해 환기시키는 것이 중요하다.

선배의 탐구보고서 의미 들여다보기

● 탐구보고서 작성에 참여한 계기

영화 더코브 ; '돌고래의 슬픈 눈물'을 보고 불법동물 포획이 생각보다 많이 이루어진다는 것을 알게 되었다. 평소에 생명윤리사상을 재밌게 공부하고 관심을 가지고 있어 이러한 주제를 활용해 환경윤리의 관점에서 분석해보면 어떨까 생각해보았다. 특히 생명윤리 사상을 공부하면서 막연히 '동물의 생명은 소중하다.'라고 생각했었는데 레오폴드의 '생태중심주의-대지윤리', 슈바이처의 '생명윤리'를 접하면서 인간 한 명의 가치가 길에서 만나는 생명체 하나와 동일한 가치를 지닌다는 것을 깨닫게 되면서 생각의 변화가 있어 꼭 한번 이 주제에 대해 써보고 싶었다.

● 탐구보고서 작성 시 맡은 역할과 노력과정

원래 있던 윤리적 배경으로 영화를 분석하는 것이었기 때문에 설문조사나 실험연구는 하지 않았고 먼저 관련 이론들에 대해 조사하였다. '인간중심주의', '동물중심주의', '생명중심주의', '생태중심주의'에 대해 조사하고 각 학자들의 주장을 이해하려 노력하였다.

이론 부분들만 해도 많은 부분을 차지하여 이 부분에 대해 어디까지 서술하여야 하는 고민이 있었지만 이론을 단순 나열하는 것이 아닌 앞으로의 시사점과 현 실태를 알아보는 것이 더 중요하다고 생각해 이론 부분은 최대한 요점만을 정리하였고 돌고래 학살 상황과 동물보호단체의 입장을 조사하고 결론 부분의 이러한 관점들을 통합하여 나의 생각을 서술하였다.

● 탐구보고서 작성을 통해 배우고 느낀 점

막연히 동물이나 식물 등 모든 생명체는 소중하다고 생각하고 있었는데 수업시간에 배웠던 다양한 윤리이론에 대해 자세히 알아보고 이를 적용해가며 나도 모르게 머리로는 모든 생명체가 소중하다고 생각했지만 실제로는 동물보다 인간을 더 가치 있게 여기고 있음을 깨달았다.

인간중심주의에서 출발해 동물중심주의 나아가 생태중심주의까지 가면서 인간과 동물이 등가하다는 주장을 보며 과연 '내가 인간과 동물의 생명 중에 가치를 매겨 선택해야 한다면 거리낌 없이 동등하게 대할 수 있을까' 고민하게 되었다.

또 동물학대 현황과 전 세계의 노력에 대해 조사하며 내가 관심을 두고 있지 않아 스쳐 지나갔던 문제들도, 전 세계 누군가는 열심히 맞서 싸우고 있으며 자신이 믿고 있는 가치를 위해 실행하고 있다는 점에서 감동받았다. 나중에 나도 나의 가치를 지키기 위해 구체적인 행동을 취하고 싶다는 생각을 하게 되었다.

사회계열(사회학·심리학·정치외교학·행정학)

제목 : 미혼모 정책에 대한 문제점과 정책 제언

목차

Ⅰ. 서론

1. 미혼모의 정의

미혼모의 사전적 정의에 따르면, '미혼모는 결혼을 하지 않은 몸으로 아이를 가진 어머니이며, 아이를 갖게 한 남자와 법적으로 결혼하지 않은 여자'를 칭한다. 즉, 결혼을 하지 않고 아이를 가지게 되거나 기혼녀로서 별거, 이혼, 사별의 상태에서 배우자 이외의 아기를 가진 경우까지도 포함한다.

2. 미혼모에 대한 사회적 인식

우리 사회는 미혼모에 대해 성숙한 관점을 가지지 못했다. 인구보건복지협회가 2017년에 발표한 '양육 미혼모 실태 및 욕구 조사'(미혼모 359명 대상 조사)에 따르면 응답자의 61.6%는 근로소득이 없고, 미혼모 10명 중 4명은 직장에서 권고사직을, 학교에서는 자퇴를 강요받았다고 답했다. 또 미혼모의 82.7%가 "아이 양육에 대한 부정적 이야기를 들었다."고 응답했다. 미래에 대한 부정적인 이야기를 들은 미혼모는 80.5%나 된다. 혼전 임신에 대한 비난을 들었다는 응답도 70.2%였다.

또한 한국여성정책연구원이 2009년 전국 48개 기관 430명의 미혼모를 대상으로 벌인 실태조사 결과를 보면, 미혼모 10명 중 9명(89%)은 '우리 사회의 미혼모에 대한 편견과 차별이 심각하다.'고 대답했다. 이처럼 여러 통계를 보아 알 수 있듯이, 대다수의 미혼모들이 사회에서 곱지 않은 대우를 당하고 있다.

게다가 정부마저 미혼모를 부정적으로 묘사한 경우가 있다. 2009년 보건복지부가 운영하는 웹사이트 '건강길라잡이'에서는 미혼모를 '학력이 대체로 낮고, 불안정한 직업에 종사하며, 자취나 하숙을 하고, 성에 대한 가치관이 개방적이고 충동적이며, 사회경제적 상태가 낮고 부모와 떨어져 사는 사람'으로 정의한 적이 있다. 한 명의 국민으로서 대우받아야 할 미혼모가 정부로부터 부당한 차별을 받고 있는 것이다. 이렇게 미혼모에 대한 사회적 인식이 바닥 수준이다.

1. 미혼모 문제의 모순점

대한민국 정부는 출산율을 높이고자 하지만 사회적 분위기 역시 낙태와 입양에 대해선 매우 부정적이다. 그런데 낙태를 하거나 입양 생각을 하지 않고 스스로 아이를 낳고 양육하겠다고 결심한 미혼모들을 마치 범죄자나 사회적 낙오자로 취급하는 지극히 이중적인 모습도 보이고 있다.

2. 정책의 실효성 문제

대다수의 미혼모 정책은 실효성을 가지지 못한다. 현재 시행 중인 정책들은 미혼모들에게 양육을 권하기보다 양육 포기를 권장하는 듯 보인다. 국회 여성가족위원회 남윤인순 의원실의 분석에 따르면, 아이를 아동복지시설에 맡길 경우 시설에는 월 평균 128만원이 지원되고, 가정 위탁을 보낼 경우 월 평균 57만원이 지원된다. 입양을 보낼 경우 입양 가정에 월 15만원(중증 장애아동은 62만 7,000원)의 아동양육수당, 입양 기관에 입양 수수료 100만~270만원이 지급된다. 그런데 이와 비교해, 직접 키우기로 결정하는 미혼모에게는 지원이 너무나도 빈약하다.

직접 아이를 기르기로 결정하고 취직해 일을 하게 되면 미혼모에게 오히려 손해가 된다. 우리나라의 미혼모 지원 정책은 자립을 유도하기보단 자립을 막고 있는 형태이다. 즉, 수입이 생기면 지원이 끊기는 형태인 것이다. 정부에서 '한부모가족지원법'에 따라 최저생계비의 130~150% 이하 소득이면 일정 금액의 경제적 지원을 하지만 이 이상의 소득이 생기는 순간 지원이 단절된다.

오히려 정부의 지원책이 미혼모의 자립 의지를 꺾는 것이다. 최저임금을 받는 직장에서 아르바이트를 하는 미혼모조차 조금만 더 일해도 기준에서 탈락된다. 즉, 원래하던 아르바이트에 추가로 아르바이트를 더 구했다가 소득 기준보다 조금 더 벌었다는 이유로 양육비가 끊긴다는 것이다. 소득이 적을 땐 크고 작은 지원을 받을 수 있지만 소득이 조금 늘었다는 이유로 지원들이 끊기면서 오히려 미혼모 가정의 살림살이가 빠듯해지는 것이다.

게다가 적당한 직장을 구했다고 하더라도, 미혼모라는 사실이 알려지는 순간 평범한 많은 미혼모들이 직장 내에서 주변의 시선과 차별 때문에 직장을 그만두기도 한다. 2009년 한국여성정책연구원 자료에 의하면 미혼모가 임신으로 직장을 그만두지 않은 경우는 20−24세 5.7%, 25−29세 6.5%, 30세 이상 2.2%로 극히 일부에 불과하다. 해고당하지 않더라도 사내 집단 따돌림으로 이어질 가능성이 크다.

3. 예산과 인력 문제

미혼모 정책의 또 다른 문제점은 그 정책들을 제대로 운영할 수 있는 예산과 인력이 부족하다는 점이다. 한국미혼모가족협회 김도경 대표에 따르면, 거점 기관은 미혼모, 미혼부 가정에 매우 필요한 기관이지만 기관 자체의 숫자와 예산이 턱없이 부족해 제 역할을 못하고 있다고 한다. 거점 기관은 전국 16개 광역시·도에 1곳씩 있으며, 서울시엔 2곳을 운영하고 있다. 다른 지역도 미혼모 미혼부의 자녀 수에 비해 기관 수가 부족하다고 할 수 있지만, 특히 경기도는 전국에서 가장 많은 숫자의 미혼모 미혼부 가정이 있는데, 거점 기관은 안산시 한 군데에만 있다.

게다가 거점 기관의 한 해 예산은 직원들의 월급을 포함하여 기관당 5000만

원에 불과하다. 기관별로 1년에 50가구 정도 출산 양육비 지원을 하면 1년 예산을 다 쓰는 것이다. 또한 거점 기관 담당자들의 경우 적은 인권비와 많은 업무량으로 전문 인력 부족 문제를 겪는다. 김도경 대표에 따르면, 낮은 임금수준으로 인해 주로 20대 중후반의 젊은 사회복지사들이 담당자로 오게 되어, 경험 부족 등으로 제대로 된 상담을 하는 데 어려움을 겪는다고 한다. 특히 엄마들과 정서적 유대감 형성이 매우 중요한데 엄마들 얼굴도 익히기 전에 일을 그만두는 경우가 많다며 예산 부족문제에 대해서 비판했다.

III. 결론

1. 양육비 지급방법과 어려움

이처럼 현재 대한민국의 미혼모 정책은 미혼모에게 도움을 주는 데 한계가 있다. 게다가 미혼모들은 아이의 생부로부터 양육비를 받는 데 어려움을 겪는다. 아이는 미혼모 혼자서 낳은 것이 아니라, 미혼모와 아이의 생부가 함께 낳았지만 대부분 이 모든 어려움을 짊어질 책임은 미혼모 혼자의 몫으로 남겨져 있다.

통계청의 인구센서스에 따르면 혼자서 아이를 키우는 미혼 여성은 2010년 기준 16만 6609가구로, 혼자서 아이를 키우는 미혼남성 1만 8118 가구에 비해 크게 앞섰다. 이처럼 아이는 대부분 생모가 양육한다. 그렇다면 아이를 양육하는 데 필요한 양육비를 아이의 생부로부터 어떻게 받을 수 있을까? 현행 가사소송법에는 지급을 강제하는 3가지 규정(양육비 직접지급명령, 담보제공명령, 의무 불이행에 대한 제재)이 있다.

하지만 미혼모가 양육비를 아이의 생부로부터 받아내는 것은 매우 어려운 일이다. 여성정책연구원이 2010년 양육 미혼모 727명을 대상으로 한 설문조사 및 8명에 대한 심층면접의 결과를 토대로 작성한 미혼모의 양육 및 자립 실태 조사 결과에 따르면 아이의 생부로부터 양육비 지원을 받는 경우는 전체 응답자의 4.7%에 불과하다. 전체 응답자의 26%만이 생부로에게 양육비 지급을 요구한 적이 있었고, 청구 소송 의향이 있다고 한 사람도 32.6%에 그쳤다. 이는 미혼모들이 아이의 생부와 만나는 것을 원하지 않거나 소송 절차와 비용 문제에 부담을 느끼기 때문이다.

앞서 말한 것처럼 현재 정부의 정책은 미혼모가 아이를 양육하는 데 있어서 양육보다는 양육을 포기하는 것을 중용하는 것처럼 보인다. 또한 정책을 통해 미혼모들에게 실질적 도움을 주는 데 한계가 있다. 심지어 미혼모들은 아이의 생부로부터 양육비를 받는 것에도 어려움을 겪는다.

Ⅳ. 정책제언 : 덴마크 히트 앤 런 방지법과 벤치마킹

정부는 미혼모가 생부로부터 양육비를 쉽게 받도록 정책을 제정해야 한다. 덴마크의 '히트 앤 런 방지법'을 벤치마킹하여 정책을 제정할 필요가 있다. 덴마크의 '히트 앤 런 방지법' 정책은 미혼모에게 아이의 생부가 매달 일정 금액의 생활비를 보내야 한다. 만약 보내지 않을 시 미혼모는 정부에 보고를 하고 정부에서 미혼모에게 일정 금액을 보내준다.

이후, 생부의 소득에서 세금으로 그 금액을 원천징수를 한다. 만약에 생부가 외국으로 도피를 한다고 하더라도, 다시 덴마크로 돌아올 경우, 환수 조치가 들어가니 아이에 대한 책임을 피하고 싶다면 평생 덴마크 사회에서 살 수 없게 되는 것이다. 아이의 생부가 친자 확인에 의문을 가지면 DNA 검사를 통해 친자 여부를 밝힌다.

이러한 덴마크의 '히트 앤 런 방지법'을 벤치마킹하여 우리나라 사정에 맞는 정책을 제정할 것을 제안한다. 미혼모들은 이 시대의 용기 있는 자들이다. 아이를 키우기 어려운 나라에서 아이를 낳고 기른 용감한 어머니들이다. 이런 이미지를 부각시킬 수 있는 캠페인과 광고를 통해 사회적 인식을 개선하고, 양육하는 데 어려움이 없도록 만들어야 한다. 미혼모지만 학교도 다닐 수 있고 같은 또래와 함께 살아갈 수 있는 주택을 제공하며, 생부로부터 지원금을 받을 수 없는 경우 국가에서 최저임금을 지원해주는 지원책이 있어야 한다.

또한 '히트 앤 런 방지법'을 도입하여 성인이 될 때까지 지속적으로 제공할 수 있도록 하고, 제공한 금액만큼 세금혜택을 받을 수 있도록 제도가 마련되어야 할 것이다.

선배의 탐구보고서 의미 들여다보기

● 탐구보고서 작성에 참여한 계기

평소 취약계층의 복지에 대해 관심이 많았다. 그래서 정부가 정책을 통해 취약계층의 복지 향상을 위해 노력해야 한다고 생각해오던 중, 사회 시간에 미혼모 문제와 저출산 문제를 접하게 되었다. 교과서를 읽고 수업을 들으면서 저출산 문제에 대해서는 우리 사회가 문제의식을 가지는 것을 알 수 있었다.

하지만 뉴스나 방송을 보면서, 미혼모에 대해서는 우리 사회가 아직까진 부정적인 태도를 취하는 것 같다고 느꼈고 이러한 점이 모순이라고 생각했다. 그래서 미혼모 정책에 대해 관심을 가졌고, 정책들이 어떤 개선점을 가지는지 찾아보고 이 개선점을 해결하기 위해 어떻게 해야 할지 탐구했다.

● 탐구보고서 작성 시 맡은 역할과 노력 과정

이 탐구보고서를 작성 시 내 역할은 미혼모에 대한 인식과 정책의 실효성 문제에 대해 조사하는 것이었다. 우리 사회가 미혼모에 대해 어떻게 인식하는지를 알아보기 위해 뉴스 또는 논문을 통해 다양한 통계자료를 조사했다. 뉴스 인터뷰와 같이 일부 개개인의 사람들이 느낀 것이 아니라, 모집단이 큰 조사 자료를 찾는 것이 어려웠다.

미혼모 정책의 실효성을 연구하는 부분에선 여러 연구가 있었기 때문에 자료를 찾는 것에는 어려움이 없었다. 내용이 다소 어려워 이해하는 데 힘들었지만, 조원들과 함께 토론하며 이해하기 위해 노력하니 더 깊이 있게 이해할 수 있었고 보고서를 작성하는 데도 도움이 되었다.

● 탐구보고서 작성을 통해 배우고 느낀 점

미혼모 정책을 주제로 탐구보고서를 작성하면서 우리 사회의 모순점이 더욱 와닿았다. 저출산 문제 해결을 위해서는 사회 구성원 대다수가 문제의식을 가지고 노력하는 반면, 미혼모 문제에 대해서는 부정적 인식을 가지며, 실효성 없는 정책 또한 다수 존재하는 것을 알 수 있었다. 미혼모 문제를 개인의 일탈로 볼 것이 아니라, 사회 차원에서 미혼모의 처우를 개선하고 정책적으로 양육을 돕는다면, 저출산 문제를 해결하는 데 도움이 될 것이라고 생각했다.

제목 : 난민사태와 이에 따른 세계의 대응 및 정책, 대한민국의 방향성

목차

I. 서론

1. 연구 동기

2017년 7월 참가한 국제기구 진출 설명회에서 '난민'이라는 것에 대해 처음 접해본 우리는 설명회에서 UNHCR(유엔난민기구)의 강연을 듣던 중 관계자분이 보여주신 시리아 난민들의 안타까운 실태와 슬픈 현실을 보며 난민문제에 관심을 가지게 되었다. 그 후, 시리아 난민 문제를 다룬 뉴스에 눈길이 가 그 뉴스와 관련된 기사들 또한 인터넷, 신문 등으로 찾아보았다.

'터키서 한국인 선교사 3명 추방...시리아 난민에 포교 활동' -2017.08.16.
'시리아 난민 출신 20대 투신 시도...경찰관 5분 동안 양손 잡고 버텨 구조' -2017.09.01
'터키 체류 시리아 난민 320만...내전 끝나가지만 귀향은 주저' -2017.10.04

'난민'에 대한 내용들 중 우리가 특히 관심을 가진 부분은 우리나라 난민 수용에 대한 것이었다. 평소 '난민'이라는 문제는 우리나라와 관련된 것이라고 생각해오지 않았기에 더 흥미를 느꼈다. 그래서 프로그램 내에서 언급한 우리나라의 정책, 그리고 추가적으로 찾은 법률 등을 정리해보았고, 그 속에서 우리나라 정책에 보완할 점이 있고, 난민 수용률이 해마다 줄어들고 있다는 것을 발견했다. 따라서 난민 수용에 대해 비교적 긍정적으로 대처하고 있는 다른 나라의 정책을 참고하여 이를 개선해야 함을 인식했다.

이러한 과정을 통해 대한민국 난민들의 힘든 삶에 대해 무관심하고, 우리 사회의 난민에 대한 인식이 제대로 이루어지지 않고 있다는 것을 다시 한 번 깨닫게 되었다. 또한 난민이 생기는 이유는 그저 전쟁뿐만이 아니라 종교, 영토분쟁, 정치적 이유가 혼합되어 있는 복잡한 문제임을 느꼈다. 심지어 새터민들도 목숨을 걸고 탈북한 이후에도 안전한 것이 아니라, 탈북난민으로서 고통받을 수 있다는 것을 알게 되었다.

그러므로 우리는 난민 문제에 대한 각 국가의 입장과 정책과 이에 따른 이해관계, 그리고 우리나라 난민 수용의 한계와 보완점 및 해결책 등에 대해 탐구해보려 한다.

2. 사전조사

난민(Refugee)이란, 인종, 종교, 정치, 경제, 사회적인 이유로 자국 내에서 박해에 이르는 차별을 받고, 그 때문에 자국으로 돌아가지 못하는 무국적자인 외국인을 뜻한다. 현재 세계에는 많은 수의 난민들이 발생하여 난민수용 문제가 대두되고 있다.

1) 난민사태의 예
① 시리아 난민사태

높은 실업률, 만연한 부정부패, 억압된 정치 표현에 대한 국민들의 외침이 시작됐다. 튀니지, 이집트, 리비아에서 일어난 민주화 운동 '아랍의 봄(Arab Spring)'은 시리아 국민들에게 새로운 바람을 불어넣었다. 2011년 3월, 시리아의 남부 지역에서도 평화적 반정부 시위가 시작됐다. 민주화를 향한 정부 개혁을 촉구하는 민중의 목소리는 점차 시리아 전역으로 퍼져 시리아 정부의 정책적 발전과 반정부에 대한 시위를 벌이기 시작했다.

정부는 강력하게 대응했다. 군사세력이 개입되며 폭력적 유혈 사태가 발발됐다. 이슬람 무장단체 IS 세력이 가담하고, 수니파와 시아파의 종파 갈등까지 겹쳐지며 반정부 시위는 걷잡을 수 없는 참혹한 전쟁으로 번졌다. 현재 시리아는 아사드(알아사드) 정권, 반군, 이슬람 극단주의자가 점령하는 3개의 영토로 분열되어 있으며 내전은 현재도 계속되고 있다. 벌써 7년째 진행 중인 시리아 내전으로 약 47만 명의 시리아 국민들이 목숨을 잃었고, 국가 전반의 사회기반 서비스와 시설들이 파괴됐다. (중략)

② 로힝야 사태

로힝야(Rohingya)족은 불교국가 미얀마 아라칸(라카인) 지방에 주로 거주하는 이슬람을 믿는 방글라데시 계열의 소수 민족이다. 100만 명이 넘는 로힝야인들은 전 세계 최대 규모의 무국적 집단 중 하나로, 미얀마 정부는 그들의 시민권을 부인하며 미얀마 인종 집단으로 인정하지 않고 있다.

그동안 미얀마 다수 불교도의 로힝야족 차별은 로힝야−불교도 간의 빈번한 갈등으로 이어졌고 지난 8월, UN 등 다수의 인권단체가 '인권 청소'라고 비난하는 미얀마 정부의 로힝야 탄압 사태가 발생했다.

대규모 폭력 사태로 수많은 로힝야인들이 방글라데시로 피난했으며, 인도에도 4만 명 이상의 로힝야 난민이 존재하지만 모디 정부는 이들의 강제 추방을 추진한다고 밝혀 국내외적으로 논란이 되고 있다. (중략)

2) 세계의 난민 수용 현황
① 독일

가장 많은 난민을 수용하는 국가 중 하나이다. 세계 최고의 고령화 사회로 발생한 노동력 부족 현상을 난민 수용을 통해 해결하고자 하기 때문이다. 국민들 중, 정부의 무책임한 대량 난민 수용을 비난하는 세력들도 있으나, 대부분 난민 수용에 대해 우호적인 반응을 보인다.

② 프랑스

국민들 대부분이 난민 수용에 우호적이나 최근 극우 정당 및 단체에서 반 난민정서를 보인다.

③ 이탈리아와 그리스 스페인 등 지중해 인접 국가들

난민들이 들어오는 경로에 위치하는 국가이기에 얻는 불이익으로 최근 경제
가 침체되고 있다. 이 때문에 EU 회원국들이 공동으로 난민 문제 해결에 대응
하기를 원한다. (중략)

④ 대한민국

현재 약 7000명의 난민들이 심사결정을 기다리고 있는 등 아시아에서 가장
처음으로 독립된 난민법을 제정했다는 역사와는 상반되는 수용결과가 이어지고
있다. 또한 많은 난민들이 고통을 호소하는 어려움으로는 일자리, 의료, 거주,
인종차별, 강제 소환에 대한 두려움, 그리고 난민에 대한 한국인들의 인식 부족
등이 있다.

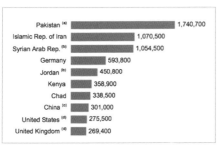

⇒ 최대 난민 수용 국가

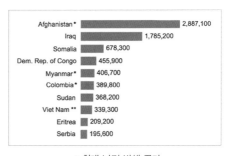

⇒ 최대 난민 발생 국가

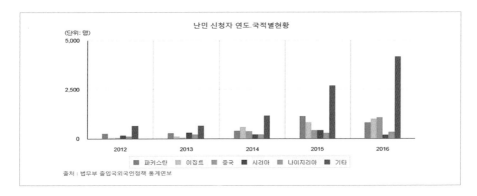

출처 : 법무부 출입국외국인정책 통계연보

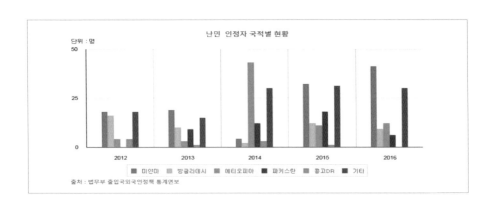

출처 : 법무부 출입국외국인정책 통계연보

3. 문제 제기

UN 난민협약 제 1조에서 난민은 '인종, 종교, 민족 또는 특정 사회 집단의 구성원 신분 또는 정치적 의견을 이유로 박해를 받을 우려가 있다는 합리적인 근거가 있는 공포로 인하여 국적국 밖에 있는 자로서 그 국적국의 보호를 받을 수 없거나 또는 그러한 공포로 인하여 그 국적국의 보호를 받는 것을 원하지 아니하는 자'로 정의되어 있다.

난민은 2015년 기준 유엔난민기구(UNHCR)에 1548만 3,893명이 등록되어 있으며, 한국에는 2016년 기준 13,393명이 등록되어 있다. 세계 난민은 계속해서 증가하는 추세에 있고, 2016년 650만 명을 기록하며 사상 최대치를 기록했다. 21세기 들어 이라크전쟁 전후 중동 및 북아프리카 지방에서 발생한 계속된 내전과 2010~2011 아랍권 민주화운동 이후 불안해진 정치상황으로 인하여 난민의 수가 동시다발적으로 증가하기 시작했다.

2015년 8월 경부터 일부 난민들이 안전한 피신처를 찾아 대거 유럽으로 망명해 오기 시작했고 난민들의 주요 탈출 루트가 낡은 목선을 타고 지중해를 건너는 것이었기 때문에 그에 따라 대규모 사망사고가 증가하기 시작했다. 난민의 수가 증가하자 유럽 내에서 각 국가의 이해관계에 따라 찬반이 나뉘었고 난민 할당제 논의를 시작했다.

그러던 중 2015년 9월 2일 아일란 쿠르디라는 세 살배기 남자아이가 유럽으로 이동하던 중 사망하여 터키 해안가로 떠밀려온 사진이 공개되면서 난민문제가 국제사회에 대두되었고, 유럽사회에 난민수용 여론이 급격히 증가하였다. 이에 수용에 소극적이었던 일부 국가들도 적극 수용으로 입장을 선회했다. 또한 다른 대륙의 국가들도 적극적으로 수용하겠다는 입장을 밝혔다.

하지만 프랑스 파리와 벨기에 브뤼셀에서 발생한 이슬람 무장단체 ISIL(이슬람-레반트 이슬람국가)의 테러로 인해 유럽 내에서 반 이슬람 주의가 확산되고, 계속된 경제 불황으로 인해서 난민수용을 반대하는 여론이 확산되어 난민은 또다시 어려움에 직면하게 되었다. 또한 난민을 수용하겠다는 국가가 늘어나고 유럽으로 탈출하는 난민의 수가 증가하면서 이를 감당하기가 더욱 어려워졌고, 다시 난민 수용을 적극적으로 반대하는 국가들이 증가하였다. 유럽국가에 어렵게 도착한 난민들도 까다로운 난민 심사와 엄청난 수요 때문에 난민으로서 인정받아 국가에 정착하지 못하고 열악한 환경의 난민 캠프에서 언제 될지 모를 입국 허가를 기다려야 하는 형편이다.

터키 및 중동지역에서는 지리적으로 가까운 위치임에도 불구하고 난민수용에 소극적으로 나서고 있으며 최근 터키에서 쿠데타가 일어나는 등 상황이 더 악화되며 난민 수용이 더욱더 어려워질 것으로 보인다. 미국에서는 최근 트럼프 정부가 집권하며 반 이민 정책을 펴기 시작해 난민 및 이민자의 수용을 적극적으로 막고 있다. 세계 최대의 난민 수용국가 중 하나였던 미국이 난민 수용을 줄이게 되어 유럽 국가들의 부담이 더 커지게 되었다.

한편 대한민국은 2013년 7월 1일부터 아시아 국가 중 가장 먼저 난민 법을 시행하였다. 그러나 대한민국의 난민 인정률 및 수용률은 굉장히 낮은 편이다.

• 연도별 난민현황

(1994. 1. 1. ~ 2016. 12. 31. 현재, 단위 : 건)

연도＼구분	신청	철회	심사결정종료
총계	22,792	2,538	13,393
'94-'09	2,492	494	1,665
2010	423	62	248
2011	1,011	90	339
2012	1,143	187	649
2013	1,574	331	586
2014	2,896	363	2,378
2015	5,711	280	2,134
2016	7,542	731	5,394

※ 심사 중 6,861명

• 연도별 심사결정 종료자 현황

(1994. 1. 1. ~ 2016. 12. 31. 현재, 단위 : 건)

연도＼구분	심사결정종료	난민인정(보호)			불인정
		소계	인정	인도적체류	
총계	13,393	1,828	672	1,156	11,565
'94-'09	1,665	256	171	85	1,409
2010	248	80	45	35	168
2011	339	62	42	20	277
2012	649	91	60	31	558
2013	586	63	57	6	523
2014	2,378	633	94	539	1,745
2015	2,134	299	105	194	1,835
2016	5,394	344	98	246	5,050

※ '16. 12. 21. 방글라데시 2명('10. 11. 30 인정) 인정취소

이렇듯 현재 국제사회에는 다양한 상황들의 난민문제가 발생하였으며 이에 따른 각 국가들의 이해관계 및 입장이 모두 달라 대응정책들도 다양하다. 이러한 정책들에는 좋은 점도 있지만 좋지 않은 면도 존재한다. 따라서 이를 보완하는 새로운 정책의 방향성이 필요하다.

II. 본론

1. 설문조사 결과 및 분석

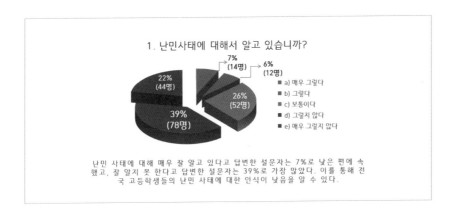

1. 난민사태에 대해서 알고 있습니까?

7% (14명)
6% (12명)
26% (52명)
39% (78명)
22% (44명)

- a) 매우 그렇다
- b) 그렇다
- c) 보통이다
- d) 그렇지 않다
- e) 매우 그렇지 않다

난민 사태에 대해 매우 잘 알고 있다고 답변한 설문자는 7%로 낮은 편에 속했고, 잘 알지 못 한다고 답변한 설문자는 39%로 가장 많았다. 이를 통해 전국 고등학생들의 난민 사태에 대한 인식이 낮음을 알 수 있다.

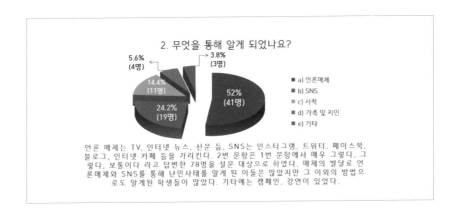

2. 무엇을 통해 알게 되었나요?

5.6% (4명)
3.8% (3명)
14.4% (11명)
24.2% (19명)
52% (41명)

- a) 언론매체
- b) SNS
- c) 서적
- d) 가족 및 지인
- e) 기타

언론 매체는 TV, 인터넷 뉴스, 신문 등, SNS는 인스타그램, 트위터, 페이스북, 블로그, 인터넷 카페 등을 가리킨다. 2번 문항은 1번 문항에서 매우 그렇다, 그렇다, 보통이다 라고 답변한 78명을 설문 대상으로 하였다. 매체의 발달로 언론 매체와 SNS를 통해 난민사태를 알게 된 이들은 많았지만 그 이외의 방법으로도 알게된 학생들이 많았다. 기타에는 캠페인, 강연이 있었다.

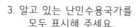

3. 알고 있는 난민수용국가를
모두 표시해 주세요.

처음 조원들끼리의 예상과 같이 프랑스, 독일 등 유럽 국가들의 난
민 수용 사실을 아는 설문자는 많았다. 하지만, 그리스를 가장 모
를 것 같다는 예상과 달리 대한민국의 난민 수용 사실을 아는 설
문자는 가장 적은 수치를 나타냈다.

4. 현재 난민 수용 정책이
난민 문제 해결에 적절하다고 생각하십니까?

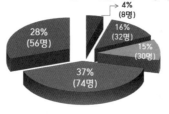

4%
(8명)

16%
(32명)

15%
(30명)

37%
(74명)

28%
(56명)

- a) 매우 그렇다
- b) 그렇다
- c) 보통이다
- d) 그렇지 않다
- e) 매우 그렇지 않다

그렇지 않다 라고 답변한 설문자가 37퍼센트로 가장 많고, 매우 그렇다
라고 답변한 설문자는 4%로 가장 적다. 이를 통해 현재 난민 수용 정책
에 보완이 필요하다는 여론이 많음을 알 수 있다.

5. 난민 발생의 가장 큰 원인이
무엇이라고 생각하십니까?

11%
(22명)

9%
(18명)

10%
(20명)

42%
(84명)

28%
(56명)

- a) 식량 부족
- b) 전쟁
- c) 종교 분쟁
- d) 정치적 이유
- e) 기타

난민 발생의 가장 큰 원인을 종교 분쟁 이라고 답변한 설문자가
42%로 대부분을 차지하였고, 기타 원인으로는 질병, 경제적 요인,
영토 분쟁 등의 답변을 하였다.

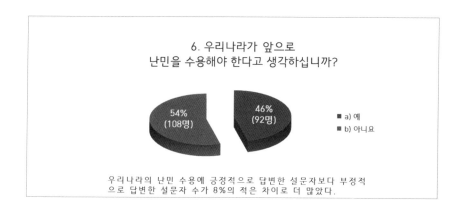

6. 우리나라가 앞으로
난민을 수용해야 한다고 생각하십니까?

54%
(108명)

46%
(92명)

■ a) 예
■ b) 아니요

우리나라의 난민 수용에 긍정적으로 답변한 설문자보다 부정적
으로 답변한 설문자 수가 8%의 적은 차이로 더 많았다.

2. 대한민국과 세계의 난민관련 법과 정책

1) 대한민국의 난민 정책의 변화과정

1970년대 베트남 피난민 수용으로 난민문제가 처음 드러남.

1992년 12월 3일 난민협약에 가입함.

1994년 출입국관리법이 개정됨.

2001년 최초의 난민을 인정하였고 난민협약 가입국이 됨.

2006년 NGO 네트워크 결성 등 난민법안을 제정하려는 움직임이 보임.

2008년 제정안에 대한 공청회 개최 등 난민법안 제정 작업이 본격화됨.

2009년 「난민 등의 지위와 처우에 관한 법률안」 발의, 통과를 위한 난민지원
단체의 활동

2010년 난민협약 60주년 기념, 난민법안 제정 촉구를 위한 행사를 개최함.

2011년 11월 29일 난민법안이 통과됨.

2012년 2월 아시아 최초로 독립된 난민법을 제정함.

2013년 7월 1일 난민법을 시행함.

2) 대한민국의 난민법

2012년 제정된 우리나라의 난민법에서는 '자국의 보호를 받을 수 없는 사람'을 난민으로 인정하고 있다.

제2조(정의) 이 법에서 사용하는 용어의 뜻은 다음과 같다.

1. "난민"이란 인종, 종교, 국적, 특정 사회집단의 구성원인 신분 또는 정치적 견해를 이유로 박해를 받을 수 있다고 인정할 충분한 근거가 있는 공포로 인하여 국적국의 보호를 받을 수 없거나 보호받기를 원하지 아니하는 외국인 또는 그러한 공포로 인하여 대한민국에 입국하기 전에 거주한 국가(이하 "상주국"이라 한다)로 돌아갈 수 없거나 돌아가기를 원하지 아니하는 무국적자인 외국인을 말한다.

III. 결론

1. 난민 정책의 장단점과 대한민국의 방향성

지금까지 살펴본 국가들의 다양한 난민 정책들은 각각의 장단점들을 가지고 있다. 대한민국의 난민 정책 또한 단점도 많지만 장점 역시 존재한다. 따라서 우리는 세계의 정책들과 대한민국의 정책을 비교, 분석하여 보완점을 찾아보려 한다.

유럽의 국가들은 제 2차 세계대전 이후 우리나라보다 상대적으로 오랜 기간 동안 난민문제를 겪어 왔다. 따라서 오랜 시간에 걸쳐 부족했던 난민 제도들이 수정되어 왔으며, 난민 정책과 제도들이 점차 안정되어왔다. 국민들의 타 문화권 민족에 대한 태도가 개방적이며 난민 문제에 대한 인식도 높아 대한민국에 비해 높은 난민 수용률을 보여준다. 또한 유럽 국가들은 EU라는 유럽 연합 공동체로 형성되어 있기 때문에 난민 쿼터제와 같은 협동적이고 체계적인 제도를 통해 난민 문제의 부담을 함께 나누는 동시에 문제 해결의 효율성도 높일 수 있다.

그러나 공동으로 난민 문제를 해결하기 때문에 한 국가가 문제 해결 과정에 비협조적으로 참여할 경우 다른 국가들의 부담이 증가하고, 이것이 연쇄적으로 작용하여 한 국가에 부담이 집중되는 현상이 발생할 수 있다. 실제로 동유럽 국가들이 난민 수용을 거부하며 난민들이 서유럽 및 북유럽 지역으로 집중되었고, 해당 국가들의 난민에 대한 책임감이 막중해졌다. 또한 감당해야 할 난민의 수가 증가하면서 해당 국가의 국민들이 입는 피해 또한 증가하였고, 국민들 내에서 반 난민정서가 일어나기도 하였다.

그리고 한 정책이 여러 국가들에 동시에 적용되기에 정책을 수립할 때 모든 국가들의 상황을 고려하지 않을 경우 국가들 간의 갈등이 생길 수 있다. 더블린 조약을 시행할 당시 이탈리아, 그리스 등 지중해 인접 국가들의 반발이 있었던 이유도 이 때문이다.

대한민국은 아시아에서 가장 먼저 독립된 난민법을 제정하였고, 난민의 생계비, 주거시설에 대한 법률이 독립적으로 제정되어 있는 등 법의 구성이 아시아 내에서 가장 체계적이다.

하지만 '난민법이 실제 난민 문제에 효과적으로 작용하고 있는가?'에 대해서는 의문이 생긴다. 대한민국은 난민 인정 절차가 매우 까다롭고, 난민으로 인정이 된다 하더라도 오랜 기간 동안 체류하기가 쉽지 않다.

또한 기본적인 복지제도가 미흡하고 시설이 부족하여 난민을 수용하기에 환경이 적절하지 않다. 난민 문제에 대한 국민들의 인식이 상대적으로 부족하고 타 문화권 민족에 대한 태도도 배타적이다. 난민 신청자 중 신청이 기각되는 경우가 대부분이며 일부는 인도적 체류자로 분류되지만 난민으로 인정되는 수는 극히 소수이다. 유엔 난민 기구와 협력하여 활동하고 있으나, 실제적으로 눈에 띄게 난민 문제를 해결하는 활동은 하지 않는 듯하다. 그러므로 이를 보완할 방안이 하루빨리 세워져야 한다.

이에 대해 우리가 고안한 방안은 다음과 같다.

첫째, 공동의 난민 문제를 해결하기 위해서는 다른 국가들과 협력하여 문제를 효율적으로 해결하기 위한 방안을 논의해 보아야 한다.

둘째, 난민법이 실질적으로 적용될 수 있도록 법안의 개정안을 더욱 현재의 상황에 적합하게 바꾸어야 한다.

셋째, 캠페인, 강연 등의 방안을 통해 난민 수용에 대한 국민들의 인식을 높이기 위해 노력해야 한다.

난민 문제를 해결하는 것은 한 국가, 한 지역만이 아닌 전 세계의 책임이다. 난민들이 처한 상황은 점점 악화되고 있으며, 우리는 이것을 무시할 수 없다. 우리는 대한민국과 난민, 그리고 다른 국가들과의 관계 등 여러 요인들을 빠짐없이 고려하여 난민 문제에 현명히 대응할 수 있는 국가로 발돋움해야 할 것이다.

2. 출처

1) 법무부 출입국외국인정책 통계연보

2) 왜 세계의 절반은 굶주리는가? (장 지글러)

3) 난민들; 한 개의 섬, 두 개의 시선 (안느리즈 에르티에)

4) 희망을 향한 끝없는 행진, 난민 (하영식)

5) 여기가 당신의 쉼터입니다 (이호택, 조명숙)

6) 쉼터에서 만나다 (토니 브래드먼)

3. 후기

• 참여자 1

　사실 시리아 난민 사태가 처음 발생했을 때부터 지금까지 나는 그저 방관자에 불과했다. 종종 뉴스 혹은 기사에서 접하며 그 충격적인 실태에 경악했을 뿐이었다. 그뿐이었다. 남들과 마찬가지로 더 이상 깊이 알려고 하지 않았고, 내 주변에는 그런 일이 일어나지 않았으면 하는 이기적인 생각을 했을 뿐이다. 하지만 국제기구 진출 설명회에서 직접 그 상황에 가서 그들을 도운 전문가들의 이야기를 듣고, 이번 논문을 통해 찾아보고, 정확한 수치를 알게 된 후, 보다 많은 것을 느꼈다. 나는 그들을 직접 도울 수도, 그러한 상황에 대비할 수도 없다.

　하지만 작은 일일 뿐이지만 '나'부터 먼저 관심을 가지고 논문을 통해 연구를 한 덕분에 주변 사람들이 우연히 난민에 대해 물어봤을 때 누구보다 자신 있게, 정확한 정보를 전해줄 수 있어 뿌듯했다.

　조장으로서 최대한 친구들의 물음에 최선을 다해 답해주고, 솔선수범하는 모습을 보이고 싶었으나, 반대로 내가 더 친구들의 도움을 받은 것 같다. 각자 맡은 부분은 끝까지 책임지고, 공통된 부분 또한 머리를 맞대며 한 번도 갈등 없이 다 해결한 것 같아서 고마웠다. 처음이라 모두들 부족한 점이 많은 논문이었지만 성공적으로 끝낸 것 같다.

• 참여자 2

　시리아 난민 사태를 계기로 난민에 대해 보다 깊이 탐구하게 되었는데 시리아 난민 사태 이전에도 오래 전부터 난민이 발생한 사례들이 많다는 것이 흥미로웠다. 특히 자료조사를 할 때 20세기 자료를 발견하고 신기했다. 나는 난민에 관한 법과 정책들을 주로 조사했는데, 법률은 어렵다가도 여러 번 읽어 이해하고 나니 뿌듯했다. 또 세계의 난민 정책에 대해 조사할 때는 국가별로 난민 문제를 받아들이는 모습이 모두 달라서 조사하는 재미가 있었다.

한 국가 내에서도 시간에 따라 난민 수용에 대한 입장이 변하는 사례가 있었는데, 덕분에 자료를 찾는 데 어려움을 겪기도 했지만, 자료 조사를 좀 더 꼼꼼히 하는 계기가 되기도 하였다. 또 대통령이나 총리의 결정이 국민들의 의견으로 인해 바뀌는 사례를 보고 국민이 국가의 중대사 결정에 큰 역할을 한다는 것을 실감할 수 있었다. 그래서 우리나라의 문제를 해결하기 위해서는 문제에 대한 국민들의 인식이 중요할 것이고, 그 인식을 바로잡기 위한 노력이 필요할 것이라는 생각도 들었다.

● 참여자 3

친구들과 함께 연구논문 발표 대회에 참가하면서 협동심을 기르는 계기가 되었고 평소 알고 싶었던 내용들을 친구들과 함께 연구해보면서 더 깊은 지식을 쌓게 된 것 같다. 또한 평소 난민에 대해서 잘못 알고 있었던 사실에 대해서도 새롭게 알게 되는 계기가 되어 난민들의 실상과 그 속의 얽혀있는 국가들의 이해관계들에 대해서도 알게 되었다. 이러한 내용들에 대해서 생각해보며 난민 문제를 해결하기 위해 실질적으로 필요한 것이 무엇인가에 대해서도 생각해보게 되었다.

● 참여자 4

생소한 개념이었던 '난민'에 대해 논문을 작성하겠다고 결심했을 때, 걱정이 많이 되었다. 아무래도 익숙지 않은 부분이고 아는 정보가 많이 없었기에 잘 이어나갈 수 있을까 의문을 가졌었다. 하지만 조원들과 다함께 자료를 수집하고, 난민에 대해 이야기를 나누어보며 그 주제에 대해 자신감이 붙었다. 그리고 조사를 많이 할수록 이것이 생각보다 흥미로운 주제라는 생각을 많이 했다.

또한 내가 생각했던 것보다 난민이 먼 곳의 문제가 아니며, 관심을 가질만한, 그리고 가져야 하는 부분이었다는 것을 알았다. 논문 작성 과정 중, 설문조사를 했을 때 생각보다 난민에 대해 모르고 있는 아이들이 많다는 것을 알고 놀랐다. 그 설문조사 결과를 보고 난민 문제를 알리는 것에 대한 강한 필요성을 다시 한 번 느끼게 되었다.

논문을 쓰기 위해 난민에 관련된 다양한 자료를 접해보고 그것을 정리해보았는데, 아무래도 복잡한 정책과 입장 차이 등이 어려운 내용이라 이해가 힘들기도 했지만 자료조사를 끝마치고 나니 '난민'이라는 사회적 문제에 한 발 더 가까워진 것 같아서 뿌듯했다. 그리고 우리나라의 난민 관련 정책에 대해서도 많이 알게 되었다. 우리나라 정책의 보완점 등을 찾아보며 앞으로 대한민국의 발전에 대해 진지하게 생각해볼 수 있는 기회여서 굉장히 의미가 있었던 것 같다.

논문을 작성하면서 또 하나 좋았던 점은 같이 논문을 작성한 조원들끼리의 친목이 더욱 두터워졌다는 것이다. 처음에는 의견충돌이 조금 있었지만 협동하며 의견을 조율하는 과정에서 서로의 생각을 이해하고 또 인정하면서 서로에 대해 더 잘 알 수 있었던 것 같다. 그뿐 아니라 모르는 부분을 서로 가르쳐주며 각자 알고 있는 지식에 대해 다지고, 새로 채워나가는 등 서로에게 도움이 된 활동이라 좋았다.

📑🔍 선배의 탐구보고서 의미 들여다보기

● 탐구보고서 작성에 참여한 계기

평소 시사 이슈에 관심이 많아 SNS나 기사를 통해 인종 차별, 젠더 문제 등 다양한 이슈들을 접했다. 시사 프로그램을 시청하며 여러 나라의 입장을 알아보거나, 국제기구 설명회를 방문하여 세계적인 문제를 어떤 방식으로 해결하는지에 대해 알아보기도 하였다. 또한 수업시간을 통해 단편적으로 알고 있었던 사회 문제들의 배경, 진행과정, 그에 대한 의견들을 보다 심화적으로 배우게 되면서, 사회 이슈에 대해 직접 연구해보고 싶다는 생각이 들었다. 그래서 관심 분야가 맞는 친구들과 함께 탐구 보고서를 작성하게 되었다.

● 탐구보고서 작성 시 맡은 역할과 노력과정

탐구보고서를 작성할 때 주로 주제와 관련된 협약 및 정책을 조사하는 역할을 맡았고 대한민국의 난민법과 유럽 연합의 난민 정책에 대해 살펴보았다. 평소 관심이 있는 분야였기에 처음에는 단순한 흥미에서 조사를 시작했지만, 조사할수록 생각보다 복잡하다는 생각이 들었다. 협약이나 정책들이 결정되는 과정에서 생기는 여러 의견 충돌로 인해 발생하는 여러 변화를 자세히 파악해야 했다. 그렇지만 의견 충돌이 협약 및 정책을 빠르게 발전시킨다는 걸 알게 되었다. 따라서 국제적 사안의 경우에는 당사국들의 입장을, 국내의 경우에는 국민과 정부, 기업 등의 입장을 조사했고 다양한 측면에서 주제를 바라보기 위해 노력했다.

● 탐구보고서 작성을 통해 배우고 느낀 점

시리아 난민 사태를 계기로 난민에 대해 보다 깊이 탐구하게 되었는데 이 사태 이전에 이미 오래전부터 난민이 발생한 사례들이 많다는 게 흥미로웠다. 특히 자료를 조사할 때 20세기 자료를 발견하고 너무나 신기했다. 2017년 다시 대두된 시리아 난민 사태를 계기로 연구를 시작하였지만, 그 배경을 알기 위해서는 시리아 정부의 부정부패, 종파 갈등까지 조사해야 했다. 그리고 한 국가 내에서도 시간에 따라 난민 수용에 대한 입장이 변하는 사례가 있어 자료 정리가 어려웠다. 하지만 자료 조사를 좀 더 꼼꼼히 하는 계기였다고 생각한다. 또 대통령이나 총리의 결정이 국민들의 의견으로 인해 바뀌는 사례를 보고 국민이 국가의 중대사 결정에 큰 역할을 한다는 것을 실감했다. 그래서 우리나라의 문제를 해결하기 위해서는 문제에 대한 국민들의 인식이 중요하고, 인식을 바로잡기 위한 노력이 필요하다고 생각했다. 이러한 연구 과정을 통해 사회의 모든 부분이 연결되어 유기적으로 움직인다는 것을 알게 되었다. 한 국가의 역사를 통해 사람들의 생각이 만들어지고, 사람들의 생각이 모여 문화를 형성하며 그 모든 부분이 모여 한 사회가 된다는 것을 알게 된 의미 있는 탐구였다.

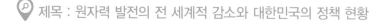 제목 : 원자력 발전의 전 세계적 감소와 대한민국의 정책 현황

목차

Ⅰ.서론

1. 연구 동기

우리는 세계지리 시간에 '에너지 자원의 특성' 단원을 공부하며 여러 에너지 자원의 특징과 분포 등에 대해 배우게 되었다. 그 중 원자력 발전을 중단하고 있는 국가의 분포도를 보며 그 수가 증가하는 추세라는 것을 알게 되었고, 원자력 에너지와 대한민국을 비롯한 여러 국가들의 탈 원전에 관심을 갖게 되었다. 기사와 도서, 시사프로그램 등을 활용하여 원자력 발전에 대해 자세히 알아보았다.

원자력, 21세기에 유망에너지로 - 1990. 03. 17

한미 원자력안전 연구협력 약정체결 - 2000. 09. 20

거세진 '탈 원전' 논란, 결국 해법은 국민투표? -2018.12.11.

　이처럼 원자력 발전에 대한 의견대립은 국내에서뿐만 아니라 전 세계에서 끊임없이 이어져왔다는 것을 알 수 있었다. 탈 원전이 본격적으로 진행된 원인은 2011년 발생한 후쿠시마 원전 사고였다. 원전의 폭발로 인한 방사성물질 유출, 화재 등이 빚은 피해가 전 세계에 원자력 발전의 위험성을 알렸기 때문이다. 이 사건으로 인해 당사국인 일본을 비롯해 독일, 미국, 중국 등 여러 나라에서 원전회의론이 급부상하게 되었다. 특히 독일은 2020년까지 자국의 원전을 모두 폐기할 것을 선언하였다.

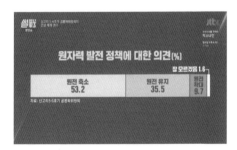 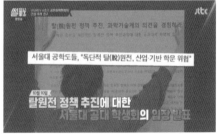

출처 : JTBC '썰전'

　원자력 발전을 둘러싼 대한민국에서의 여론 대립에 대해 알아보기 위해 우리는 '썰전'이라는 시사 프로그램을 시청하였다. 이 프로그램을 시청하며 원자력 발전에 대한 의견이 나뉘는 원인이 경제성, 안전성, 환경 문제 등으로 다양하다는 것을 알게 되었다.

　대만과 대한민국뿐만 아니라 다른 국가들에서도 탈 원전에 대한 부정적인 입장이 등장하고 있었다. 수많은 국가들의 탈 원전 논란의 시발점이 된 후쿠시마 원전 사고의 당사국인 일본이 원전을 재가동하였고, 프랑스는 원전 축소 시점을 10년 연기하였다.

이처럼 원자력 발전을 바라보는 관점과 탈 원전 정책은 계속해서 변화하고 있다. 따라서 우리는 세계 각국의 원자력 발전을 다루는 입장이 계속해서 변화하는 원인과 이러한 추세에서 대한민국이 취해야 할 적절한 입장은 무엇인가를 중심으로 원자력 에너지에 대해 심층적으로 탐구해보고자 한다.

2. 탐구 방법

1) 우리가 처음 원자력 발전에 관심을 가지게 된 동기인 대만의 탈 원전 정책 국민투표에 대한 기사와 사설을 읽고, 대만의 탈 원전 정책 현황과 대만 정부가 국민투표를 결정하게 된 배경을 알아보았다. 이후 대만의 탈 원전 정책에 대한 자료를 수집해 이를 대한민국의 탈 원전 정책과 비교하며 대한민국 탈 원전 정책의 흐름에 대해 예상해 보았으며, 대만의 탈 원전 정책에 대한 국민 투표 과정을 대한민국의 상황에 적용해보며 대한민국의 탈 원전 정책을 둘러싼 갈등을 해결하는 데에 적합한 방안을 모색해보았다.

대만 국민투표로 차이잉원 정부의 탈 원전 폐기…전력수급 불안에 시달리는 대만 민심 반영
[사설] 대만까지 포기한 탈 원전, 우리도 국민공론화에 부쳐보자.

2) 원자력 발전의 정의 및 원자력 발전의 장단점을 위해 상반된 관점에서 원자력 발전을 다루고 있는 도서 "원자력은 미래의 에너지"와 "원자력, 우리의 미래인가?"를 읽었다. 이를 통해 원자력 발전의 원리와 특징을 알게 되면서 원자력 발전소의 명확한 장단점을 파악할 수 있었다. 이후, 대한민국의 탈 원전 정책

과 탈 원전 정책의 현황과 탈 원전 정책의 목적에 대해 탐구하는 과정에서 도서 "한국 탈핵"을 읽었다.

3) 세계 원자력 산업의 변화를 파악하기 위해 "2018 세계 원전산업 동향 보고서"를 읽고 전 세계적인 탈 원전 정책의 추세와 그 흐름을 파악했다. 통계 자료를 통해 원자력 산업을 연구하는 전문가의 의견을 접하고 전문가가 예상하는 원자력 산업의 전망에 대해서 알게 되었다. 또한 원자력 산업이 전 세계적으로 감소세에 있는 복합적인 원인에 대해 알 수 있었다.

4) 일반적인 대중의 원자력 발전과 탈 원전 정책에 대한 인식 조사를 위해 전 연령층을 대상으로 설문조사를 실시하였다.

'원자력 발전의 전 세계적 감소와 대한민국의 정책현황'

5가지의 질문을 통해 대한민국의 원자력 발전 현황, 원자력 발전을 하고 있는 국가들, 원자력 발전의 장점과 단점에 대한 인식, 대한민국의 원자력 발전에 대한 찬반의견에 대해서 알게 되었다.

3. 사전조사

1) 원자력 발전의 정의와 원리

원자력 발전의 사전적 정의는 핵분열을 이용하여 막대한 열을 발생시키고, 그 열을 이용하여 터빈을 구동하여 발전하는 방식이다. 물을 끓여 증기를 만들고 그 증기로 터빈을 돌려 발전한다는 점에서는 일반 화력발전방식과 같지만,

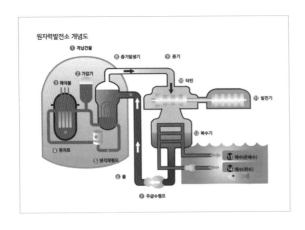

물을 끓이기 위한 에너지원으로 핵분열반응을 이용한다는 점에서 차이가 있다. 화력발전은 석탄을 미세한 분말로 만들고 이를 보일러에서 연소시키지만, 원자력발전은 우라늄 원자에 중성자를 충돌시켜 핵분열이 일어나게 하는데, 막대한 열이 발생한다. 핵연료봉에 저장된 핵연료의 분열이 일어나면서 연료봉은 뜨거워지고 이 주위로 물을 흐르게 하여 뜨거운 증기를 만들어낸다. 이 증기로 터빈을 구동하여 발전기가 돌아가게 하는 원리이다.

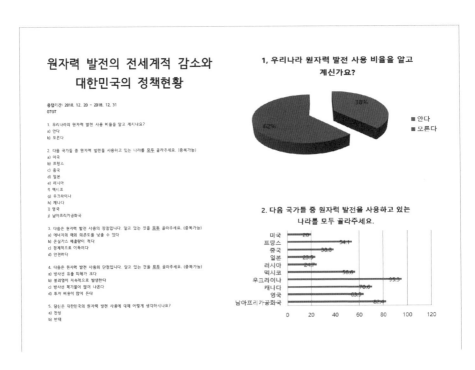

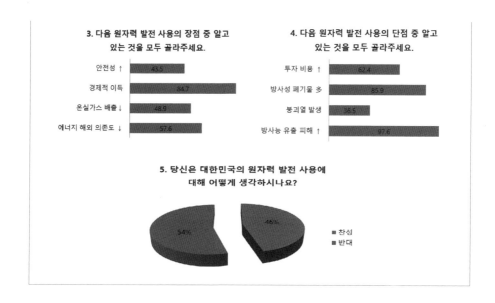

3. 다음 원자력 발전 사용의 장점 중 알고 있는 것을 모두 골라주세요.

안전성 ↑	43.5
경제적 이득	84.7
온실가스 배출 ↓	48.9
에너지 해외 의존도 ↓	57.6

4. 다음 원자력 발전 사용의 단점 중 알고 있는 것을 모두 골라주세요.

투자 비용 ↑	62.4
방사성 폐기물 多	85.9
붕괴열 발생	36.5
방사능 유출 피해 ↑	97.6

5. 당신은 대한민국의 원자력 발전 사용에 대해 어떻게 생각하시나요?

54% / 46%

■ 찬성
■ 반대

2) 원자력 발전의 장단점

원자력 발전의 지속을 두고 끊임없이 논쟁이 일어나는 이유는 원자력 발전으로 얻게 되는 이득이 분명하고 대체 불가능한 동시에, 그를 위해 감수해야 할 손실 또한 명확하기 때문이다.

원자력 발전의 장점은 다음과 같다.

① 연료비가 저렴하다

원자력 발전은 연료비가 월등히 저렴하기 때문에 발전소의 긴 수명을 고려했을 때 발전비용이 가장 적게 든다. 반면 연료 비축량은 많기 때문에 효율적이다.

발전원별 경제성 평가의 한 방법으로 발전원가를 비교하는데, 발전원가는 건설비를 포함한 고정비, 연료비 및 운전유지비를 고려하여 계산한다. 원자력 발전원가에는 수명 후 발전소 처리비용, 사용 후 연료처리비용 및 방사성폐기물

151

처분비용 등도 함께 고려하고 있다. 원자력 발전은 이러한 발전 원가가 다른 자원 이용 원가에 비해 적기 때문에 경제적이다. (중략)

II. 본론

1. 문제 제기

1986년 4월 26일, 우크라이나의 체르노빌 원자력 발전소 제 4호 원자로에서 방사능이 누출되어 체르노빌 원전사고(Chernobyl nuclear accident)가 발생했다.

체르노빌 원전사고는 경험이 부족한 야간 교대조가 원자로의 안전 시스템을 시험하던 중 제 4호 원자로의 비정상적인 핵반응에서 발생한 열로 인해 수소폭발이 일어남으로써 생긴 사고이다. 폭발은 원자로의 천장과 측면을 파괴하였고, 파괴된 부분을 통해 다량의 방사성 물질과 원자로 내부 연료의 일부가 누출되었다. 파편화되어 방출된 연료로 인해 폭발한 4호기와 3호기 건물에서 화재가 발생하였고, 화재의 진압에는 10일이 소요되었다. 체르노빌 참사라고도 불리는 이 사고는 국제 원자력 사고 척도에 의해 분류된 사고 등급 중 가장 심각한 사고를 의미하는 7등급으로 판정되었다.

체르노빌 원전 사고 현장

당시 작업 중이던 2명의 노동자가 사망하고, 화재를 진압하던 종업원과 소방원의 대부분이 심각한 방사선 상해를 입었다. 사고 이후에도 발전소 해체작업에 동원되었던 노동자 5,722명, 민간인 2,510명이 사망하였고, 43만 명이 암, 기형아 출산 등 각종 방사능 후유증을 앓고 있는 것으로 추정되었다. 사고 이후 기형아 출산과 출생 전 사망이 두 배로, 유아 사망률은 1.5~2.5배로 증가하였으며 어린이 암환자가 6.5~10배 증가하는 등 암 발생률도 급증했다. 피해 지역의 주민은 60%가 갑상선계 질병을 경험했다. 특히 기형아 출산에 대한 불안 심리로 인해 1988년 출산율이 1986년 대비 30% 감소했고, 인공 유산율도 급증했다. (중략)

후쿠시마 원자력 발전소 사고 이후 원자력 발전의 안전성에 대한 우려가 확산되며 원자력 발전에 대해 재검토하는 계기가 되었다. 이에 따라 여러 나라들의 원자력 관련 법률과 정책에 변화가 생겼다.

1) 일본

후쿠시마 원전 사고 이후 안전기준이 강화되어 쓰루가 원전, 하마오카 원전 등 폐쇄되어야 하는 원전들이 거론되었다. 그러나 해당 원전들의 폐쇄 명령은 내려지지 않았고, 일부 원전들은 순차적으로 운행이 중단되었으나 화석 연료 수입 의존도 증가와 이산화탄소 배출량 최고치 기록 등의 문제가 발생함에 따라 아베 정권에 의해 2017년 상당수 원전이 재가동되었다.

2) 대한민국

정부가 국내 원전에 대한 검사를 실시할 것을 지시하였고, 기존의 원자력 발전소를 연장 운용하려는 시도도 시민들의 반발에 부딪혔다. 그리고 2011년 수명

연장개수를 받고 운행 중이던 고리 원전 1호기가 전기 설비 고장으로 가동이 정지되어 원전에 대한 공포가 확산되었다. 이로 인해 부산, 울산 등의 지자체에서 고리 원전 1호기의 가동을 멈출 것을 요구하는 여론이 커져 2017년 6월, 고리 원전 1호기의 폐쇄 조치가 최종 결정되었다. 제2차 핵 안보정상회의에서 원자력 발전소의 방호와 핵 안보의 상관관계에 대한 내용을 안건으로 상정하여 논의하기도 했다.

이렇듯 후쿠시마 원전 사고 이후 전 세계적으로 원자력 발전소의 가동을 멈추는 추세가 증가했으나, 뚜렷한 성과를 보이는 사례는 많지 않다. 원자력 발전이 위험함에도 불구하고 완전한 대체가 어려운 에너지 자원이기 때문이다. 우리나라 또한 원자력 발전에 반대하는 여론이 거세지만, 적극적으로 원자력 발전의 폐쇄를 진행하지는 않고 있는 것이 현실이다. 따라서 원자력 발전의 지속 혹은 폐쇄에 관한 정확한 방향성을 설정하는 것이 필요하다.

2. 설문조사 결과 및 분석

원자력 발전의 전 세계적 감소와 대한민국의 정책현황

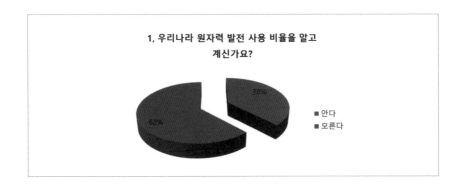

현재 우리나라에서 원자력발전방식이 차지하고 있는 비율은 약 31%이다. 원자력발전의 경우에는 울진원자력본부, 영광원자력본부, 월성원자력본부, 고리원자력본부에서 총 21기의 원자로를 가동하고 있다. 그런데 많은 사람이 원자력을 사용하고 있다는 것은 여러 매체를 통해 인식하고 있겠지만 정확한 비율을 알 것이라곤 기대하지 않았다. 그러나 예상보다는 많은 사람들이 우리나라 원자력 발전 사용 비율을 알고 있었다.

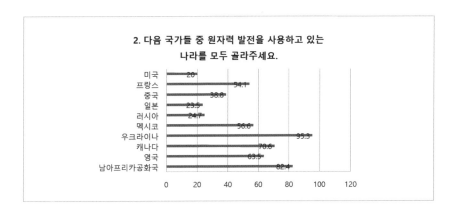

제시된 국가들은 모두 원자력 발전을 사용하는 국가이다. 우리 조원들은 우리나라와 가장 밀접하고, 또 사고가 우리에게 큰 영향을 미쳤던 일본을 가장 많이 알 것이며, 뒤이어 원자력발전은 건설비용이 많이 든다고 알려져 있기에 미국, 프랑스 등 선진국을 선택할 것이라고 예측했으나 예상과 달리 우크라이나와 남아프리카공화국이 1, 2위였다. 우크라이나 원전 사고는 사상 최대였으며 1900년대 후반에 발생했기 때문에 중·장년층이 많이 알고 있었던 것 같다.

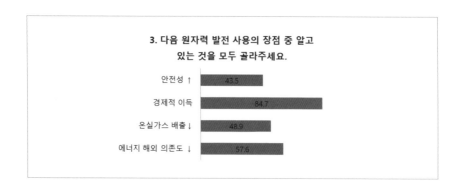

3. 다음 원자력 발전 사용의 장점 중 알고 있는 것을 모두 골라주세요.

항목	값
안전성 ↑	43.5
경제적 이득	84.7
온실가스 배출 ↓	48.9
에너지 해외 의존도 ↓	57.6

'안전하다'라는 항목에 많은 응답자들이 의문을 표했다. 원자력 폭발 사고가 난다면 단순히 자국 내에서 처리 가능한 피해가 발생하는 것이 아닌, 많은 다른 국가들에게도 경제적·환경적으로 피해가 가기 때문이다. 하지만 '안전하다'는 단순히 피해의 규모가 아니라 사고 자체가 발생할 가능성이 다른 발전 방식에 비해 상대적으로 낮다는 의미이다. 경제적 이득이 가장 많은 비율을 차지했는데, 이를 통해 가장 보편적으로 알려진 원자력 발전의 장점이 높은 효율성이라는 것을 알 수 있었다. 또한 원자력 발전을 실시하면 원료비가 적게 들어 에너지의 해외 의존도를 낮출 수 있다.

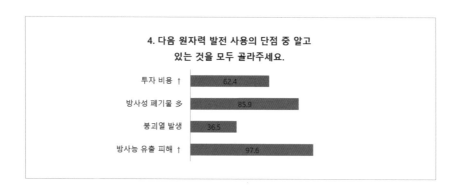

4. 다음 원자력 발전 사용의 단점 중 알고 있는 것을 모두 골라주세요.

항목	값
투자 비용 ↑	62.4
방사성 폐기물 多	85.9
붕괴열 발생	36.5
방사능 유출 피해 ↑	97.6

응답자들은 방사능 유출 시 인체, 생태계 등에 미치는 피해가 크다는 것이 가장 큰 단점이라고 생각했다. 이는 대형 원자력 발전 사고로 인한 피해가 알려지면서 방사성 물질의 위험성이 가장 현실적인 문제로 다가왔기 때문으로 보인다.

* 붕괴열은 수소 핵 융합 반응 중 일어난 질량 손실에 해당하는 열이다.

우리나라의 원자력 발전 사용에 대한 의견을 묻는 질문에서 찬성과 반대의 비율은 54%와 46%로 비슷했다.

우리는 설문조사 이전 탈 원전 정책과 관련된 갈등이 설문조사 결과에 반영될 것이라 예상했다. 설문조사 결과 우리나라의 원자력 발전 사용에 대한 의견을 묻는 질문에서 찬성과 반대의 비율은 54%와 46%로 비슷했다. 이는 우리의 예상처럼 대한민국 사회 내에서 원자력 발전에 대한 찬반 의견의 대립이 심각하다는 사실을 보여준다. 이러한 결과를 통해 대한민국에서 탈 원전 정책을 시행하기 위해서는 탈 원전 정책에 대한 반대 의견이 찬성으로 돌아설 수 있도록 반대론자들을 납득시키는 것이 최우선 과제라는 것을 알게 되었다.

또한 대부분의 사람들이 가지고 있는 원자력 발전에 대한 정보가 체르노빌 원전 사고, 후쿠시마 원전 사고와 그 시기에 머물러 있다는 점도 알 수 있었다. 이에 따라 우리는 원자력 발전에 있어서 고려해야 할 경제·사회·환경적 요인의 변화와 현재 원자력 발전의 현황 등에 대해 더 알릴 필요가 있다는 점을 도출해 냈다.

3. 세계의 탈 원전 정책과 대한민국

탈 원전 정책이 많은 국가에서 본격적으로 추진되기 시작했다. 탈 원전 정책의 결과는 아무도 알 수 없지만, 탈 원전 정책을 바라보는 시각은 극명하게 갈린다. 현재 탈 원전 정책을 추진하고 있는 국가들은 대부분 탈 원전 정책에 대한 반대에 부딪혀 탈 원전 정책의 속도를 늦추었다. 하지만 탈 원전 정책에 대한 완전한 결론에 이르기 전까지 찬성과 반대 의견 간의 충돌은 필연적이다.

대한민국을 포함한 많은 국가들이 이러한 갈등을 해결하고 원자력 발전소에 대한 완전한 해답을 찾기 위해 다양한 정책을 펼치고 있다. 다음은 세계 각지에서 일어나고 있는 원자력 발전을 둘러싼 갈등과 원자력 발전에 대한 국가별 정책 상황이다.

세계의 원자력 발전 정책 현황

1) 미국(현재 98기 원전 운영 중)

세계에서 원자력 발전을 가장 많이 하는 국가로 빠르게 원자력 발전 기술을 개발하면서 1950년대부터 원자력 발전 시장의 독점적 지위를 유지하였다. 미국의 대표적인 원자력 발전 관련 기업은 웨스팅하우스와 제너럴 일렉트릭이 있다. 웨스팅하우스는 세계에서 운전 중인 원전을 가장 많이 공급한 회사로 전 세계의 가동 원자력발전소 중 50% 이상을 공급했다. 제너럴 일렉트릭은 비등경수로를 개발하여 미국 내에 건설함은 물론 일본을 비롯한 여러 나라에 수출하였다.

1979년 스리마일 섬에서 발생한 원자력 발전소 사고 이후로 미국 내 원자력 발전이 침체되었으나 2000년대 중반 이후 미국 내 원자력 발전소 건설이 재개되었고 원자력 발전 기술을 제 3국에 수출하고 있다.

2) 독일(현재 7기 원전 운영 중)

탈 원전을 시행한 대표적인 국가로 1967년 원자력 발전을 시작한 이후 1990년대까지만 해도 원자력 발전이 전력 총생산의 30%를 차지하고 있었지만 2011년 후쿠시마 원자력 발전소 사고 이후 국민들의 원자력 발전에 대한 신뢰도는 추락했고 새롭게 취임한 메르켈 정부도 『1984』년 체르노빌 원자력 발전소 사고 이후 이어지던 탈 원전 정책을 고수하면서 독일은 완전한 탈 원전을 목표로 에너지 정책을 수립했다.

독일 정부는 원자력 발전의 비중을 13%까지 줄였고, 2022년까지 모든 원전을 폐기할 계획이다. 탈 원전 정책을 추진하는 많은 국가들이 독일의 탈 원전 정책을 모델로 삼고 있다. 원자력 발전소의 공백을 메우기 위해 신재생 에너지에도 많은 투자를 하고 있어 신재생 에너지 기술 발전 수준이 매우 높다.

3) 이탈리아(현재 0기 원전 운영 중)

이탈리아는 원자력 발전을 시작하려 했으나 후쿠시마 원자력 발전 사고 이후 안전성에 대한 문제제기로 인해 원자력 발전을 포기했다.

대한민국의 탈 원전 정책

2011년 인접한 국가인 일본에서 후쿠시마 원자력 발전소 사고가 발생한 후 대한민국 국민들 사이에 원자력 발전과 방사능에 대한 공포심이 확산되었다. 거기에 더해 2016년 경주 지진과 포항 지진 같은 대형 지진이 우리나라에 발생하자 많은 국민들은 대한민국도 더 이상 재난 안전지대가 아니라며 대한민국도 탈 원전 정책을 추진해야 한다고 주장했다.

문재인 대통령은 18대 대선 후보시절부터 탈 원전 정책을 추진해야 한다고 주장했고 19대 대선에서 탈 원전 정책의 추진을 공약으로 내세워 대한민국 제 19대 대통령에 당선되었다. 취임 직후 문재인 정부는 탈 원전 정책의 일환으로 건설 중이던 신고리 원자력 발전소 5,6호기의 건설을 중단하려 했다. 하지만 지역 주민과 원자력계가 이 조치에 반발했고, 이에 정부는 공론화 과정을 거쳐 주민들의 의견을 반영해 주민 투표를 실시하였다. 주민 투표 결과 찬성 59.5%, 반대 40.5%로 신고리 원전 5,6호기의 건설은 재개되었다.

이로 인해 문재인 정부의 탈 원전 정책은 타격을 입었지만, 계속해서 탈 원전 정책을 이어나갈 것이라고 밝혔다. 정부는 신규 원전 건설 계획을 전면 중단했고 월성 1호기를 폐기하겠다고 밝혔다. 청와대는 천연가스와 신재생 에너지의 발전 비중을 늘리고 원전 사용량을 늘리는 탈 원전 정책에 대한 중장기적 로드맵을 수립했고 현재 7% 정도에 불과한 신재생 에너지 발전 비중을 2030년까지 20%까지 늘리는 재생에너지 3020 이행계획을 세웠다. 만약 더 이상 신규 원전을 건설하지 않는다면 2079년쯤 모든 원전이 폐기될 것으로 예상된다.

하지만 완전한 탈 원전을 이루기 위해서는 많은 노력이 필요하다. 아직까지 많은 국민들이 탈 원전 정책에 회의감을 가지고 있다. 게다가 원자력 발전을 중단한 이후 발생할 전력 공백을 메울 대책이 뚜렷하지 않다. 대한민국에는 신재생 에너지를 개발할 인프라가 부족하며, 지리적 조건도 불리해 신재생 에너지의 높은 효율을 기대하기는 어렵다. 이러한 상황에 대한민국의 에너지 정책은 뚜렷한 방향성을 제시하지 못하고 있다.

대한민국의 탈 원전에 대한 찬반 입장

대한민국의 탈 원전 정책에 대해서는 다양한 의견이 존재하는데, 찬성 측과 반대 측의 주장은 상반된다. 현 정부가 진행하고 있는 탈 원전 정책에 대해 현재로서는 반대보다 찬성이 많은 상황이고, 탈 원전 문제 자체에 대한 인식을 가지고 있지 않은 국민들도 일부 존재한다.

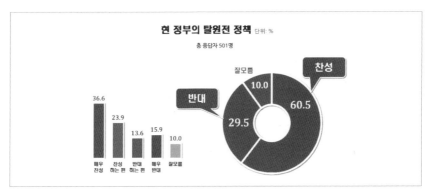

현 정부의 탈원전 정책 단위: %

총 응답자 501명

잘모름 10.0
찬성 60.5
반대 29.5

매우 찬성 36.6
찬성 하는 편 23.9
반대 하는 편 13.6
매우 반대 15.9
잘모름 10.0

탈 원전을 찬성하는 입장의 근거

1) 폐기물 처리 문제가 생긴다

대한민국의 탈 원전에 찬성하는 이들의 가장 핵심적인 근거는 원전에서 나오는 방사성 핵폐기물을 완전히 처리할 수 있는 방법이 현재로서는 전무하다는 것이다. 탈 원전 정책을 지지하는 사람들 중 상당수도 폐기물 처리 문제만 해결되면 원자력 발전을 지지하겠다는 의사를 밝힐 정도로 폐기물 처리 문제는 각국의 탈 원전 정책의 가장 핵심적인 이유이다.

원전에서 나오는 방사성 폐기물은 원자력 발전소를 단계적으로 줄여도 그 위험성을 계속해서 감당해야 할 정도로 근본적인 해결책이 없다. 실제로 방사성 폐기물 처리 시설의 건설은 해당 지역의 상당한 반발을 야기한다. 이 때문에 탈 원전 찬성론자들은 방사성 폐기물을 제대로 처리할 수 있는 기술 발달 등의 근본적인 해결책이 나오기 전까지 무작정 원전을 늘리는 것은 명백히 문제가 있다고 주장한다. 일부 전문가들은 폐기물을 땅에 묻어 처리하는 기존의 방식이 아닌 깔끔한 재처리를 해낼 수만 있다면 원전에 대한 찬성여론은 크게 높아질 것이라는 전망을 보이기도 한다.

2) 안전 문제가 생긴다

대한민국의 원자력 발전소 분포

출처 : 원자력안전위, 고리1호기 재가동 승인(종합)_연합뉴스(2012. 7. 4.)

원자력 발전소에서 사고가 발생할 경우 그 피해는 복구할 수 없을 정도로 막대하다. 대한민국의 원전 밀집도는 원전의 입지가 밀집 원전 순위에서 1, 2, 5, 8위를 차지하고 있을 만큼 세계에서 가장 높은 수준이다. 게다가 원자력 발전소 인근 30km의 인구가 각각 380만, 130만 등으로 세계 최상위를 차지하고 있기 때문에, 만약 후쿠시마 원자력 발전소 사고나 체르노빌 원자력 발전소 사고와 같은 대형 원자력 발전소 사고가 발생한다면 엄청난 인명 피해가 발생할 것이다. 핵에 대한 잠재 위험성이 다른 나라에 비해 매우 높은 것이다. 원자력 발전소의 관리가 잘 이루어진다 하더라도 대한민국에 지진과 같은 자연재해가 발생하지 않는다는 보장은 없기 때문에 원자력 발전소의 안전성을 장담할 수는 없다.

3) 경제성이 낮다

원자력 발전 산업이 대한민국 경제에서 차지하는 비중이 크기 때문에 원자력 발전의 중단은 큰 경제적 손실을 야기할 수 있다는 의견도 있다. 하지만 재생에너지 산업 일자리도 꾸준히 증가해 2016년 기준 830만 명이 재생에너지 분야에서 일하고 있는 등 재생에너지 산업이 지속적으로 발전해오고 있다. 즉, 재생에너지를 이용함으로써 탈 원전으로 인해 발생하는 경제적 손실을 충분히 상쇄시킬 수 있다는 것이다.

현재 세계적으로 원전 건설 시장은 쇠퇴되고 있는 분위기이며, 원자력 건설 시장의 대부분은 원자력 건설 기술을 가진 나라에서 추가로 도입하는 것이므로 한국의 기술을 원하지 않을 가능성이 크다. 점점 줄어들고 있는 원자력 발전소 건설 수출을 위해 원자력 발전을 확대하는 것은 경쟁력이 없고, 경제적으로 도움이 되지 않는다.

그러나 원전 해체 시장은 초기에 원자력을 도입했던 나라에서 최근 시작하는 단계이기 때문에 관련 노하우가 없는 신생시장이다. 또한 탈 원전 정책이 전 세계적으로 추진되면서 원전 해체 시장의 규모가 커지고 있다. 만약 대한민국이 먼저 기술 개발을 시작해 원전 해체 시장에 뛰어든다면 큰 경제적 이익이 될 것이다. 그러므로 원전 해체 기술을 발전시키는 것에 대한민국이 경제적으로 큰 이익을 얻을 수 있는 충분한 가능성이 있는 것이다.

4) 경제적 위험 부담이 크다

오히려 원자력 발전소로 인한 경제적 손실 문제가 원전을 폐기함으로써 생기는 경제적 손실보다 더 크다고 볼 수도 있다. 대형 원자력 발전소 사고는 엄청난 경제적 손실을 가져온다. 한국 원전들은 원자력보험에 들고 있지만 최대 보상비용이 약 4,800억 원에 불과하다. 이 이상의 사고비용은 전액 세금으로 충당되어야 한다. 앞서 원전 사고가 발생했던 후쿠시마의 사고로 인한 피해 복구비용은 200조 원에 달했다. 그러나 이 역시 오염수를 태평양으로 방류했을 때의 기준이다. 내륙에 있는 발전소는 더 많은 비용이 요구된다.

체르노빌 원전 사고는 초강대국이었던 소련이 사고 이후 완전히 해체되고 경제위기를 맞는데 크게 영향을 주었다. 이렇듯 원전사고는 극히 낮은 사고확률을 가지고 있지만, 사고가 발생한다면 걷잡을 수 없는 경제적 피해가 발생한다. 그러므로 이에 대한 적절한 대비책이 있지 않은 이상 한국은 위와 같은 경제적 피해에 대한 부담을 안고 있어야 한다는 것이다.

탈 원전을 반대하는 입장의 근거

1) 대한민국 원전의 경쟁력이 상당하다

한국 표준형 원전은 세계 최고의 운영 실적과 풍부한 건설 및 운영경험을 바탕으로 탄탄한 국제경쟁력을 가지고 있다. 발전소 운영능력을 나타내는 이용률 면에서도 세계 평균(79.4%)을 훨씬 뛰어넘는 93.3%(2008년)를 기록하는 등 세계 최고 수준의 안전성과 운영능력이 있다.

우리나라의 원자력 발전은 원전의 설계부터 기기제작, 건설, 연료, 운영 및 유지보수까지 전 단계(Nuclear Life Cycle)에 걸쳐 강력한 공급체인을 보유하고 있으며, 차세대 수출 산업으로까지 상당한 경쟁력을 가지고 있는 상황이다.

2) 원전으로 큰 이익을 창출할 수 있다

원전 건설 시장이 포화 상태이긴 하지만 원자력 발전소의 수출 이익은 건설업 중 가장 이익이 크다. 원자력 발전소의 건설은 원자력 발전소의 완공 이후에도 계속해서 이익을 창출할 수 있을 뿐만 아니라 원자력 발전소의 해체 기술까지 발전시킬 수 있다. 아직 원자력 발전소의 건설 수요가 많은 상황에서 이제 막 수익을 내고 있는 원자력 발전소 수출 사업을 철수하는 것은 섣부른 판단이다.

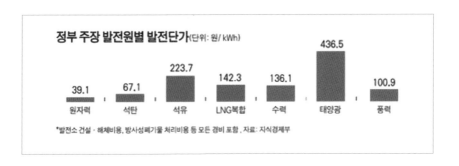

정부 주장 발전원별 발전단가(단위: 원/kWh)

원자력	석탄	석유	LNG복합	수력	태양광	풍력
39.1	67.1	223.7	142.3	136.1	436.5	100.9

*발전소 건설·해체비용, 방사성폐기물 처리비용 등 모든 경비 포함, 자료: 지식경제부

3) 신재생에너지의 효율은 충분하지 않다

한국의 신재생 에너지 발전의 기술력이 원자력 발전의 효율을 대체할 수 있을 정도로 발전되지는 않았다. 또한 산지가 많고 기후가 일정하지 않은 대한민국의 지리적 특성은 신재생 에너지 발전에 불리하다. 한국의 신재생에너지 자원 분포도를 보면 풍력 자원이 가장 풍부한 제주도 인근도 북해 풍력 자원의 평균 이하에 불과하며, 일반적으로 풍력 발전은 7~7.5m/s 이상의 평균풍속이 발생하여야 경제성이 있다고 보는데, 한국에서 그러한 지역은 극히 드물고 육상에서는 더 이상의 건설이 가능한 입지가 없는 상황이며, 해상은 설치비, 유지관리비, 군사보안, 해로 등의 문제가 발생한다.

정부가 모델로 삼고 있는 독일의 경우, 유럽연합에 속해있기 때문에 전력이 부족할 경우 다른 국가에서 수입이 가능하지만 대한민국의 상황은 그와 다르기 때문에 독일의 정책을 따라가는 것은 위험하다. 준비가 되지 않은 상태에서 원자력 발전을 중단하는 것은 큰 전력 공백을 가져올 수 있다. 해마다 반복되는 폭염과 한파, 그리고 늘어나는 전기차 사용으로 인해 전력 수요는 증가할 것이다. 하지만 현재의 에너지 정책에는 미래의 전력 수요 증가가 반영되지 않았다.

원자력 발전량을 줄인다면, 신재생 에너지를 빠른 시간에 늘리기는 어렵기 때문에 화력 발전을 늘려야 한다. 하지만 화력 발전의 경우 다량의 온실가스와 미세먼지를 배출하고, 천연가스를 수입해서 발전을 한다면 북한을 거쳐 수입해야 하기 때문에 에너지 안보 수준이 낮아진다는 문제가 발생한다. 국내의 사정을 고려한 현실적인 에너지 정책이 필요한데 아직까지 명확한 대책이 마련되지 않았다.

4) 원전 사고 발생 가능성이 극히 낮다

원자력 발전소에서 사고가 일어날 확률은 극히 낮다. 대부분의 원전은 안전하게 내진 설계가 되어 있다. 또한 원자력의 경우, 중요 구조부재의 조금의 균열이라도 방사능 누출과 연관성이 있는 관계로 절대적인 탄성을 유지하도록 설계되고 있다.

따라서 일반적인 구조물이 갖는 단면력에 비하여 원자력 구조물은 10배 이상의 내력을 갖고 있으며, 구조형식에 있어서도 돔 형식의 벽식구조와 더불어 사고 시 압력에 대비하기 위하여 포스트텐션이라는 강선으로 돔 외부를 지지하고 있다. 충분한 예산을 들여서 철저하게 관리한다면 원전의 안전성은 결코 낮지 않다. 원전 사고를 두려워하는 것은 막연한 불안감이다.

5) 일자리 문제가 생긴다

탈 원전 정책을 추진하면 원자력업계에 종사하고 있는 많은 사람들이 일자리를 잃는다. 원자력 연구, 건설, 정비 등 다양한 업종의 원자력 산업에 종사하는 수만 명의 전문 인력들이 원자력 발전소에 의존해서 생계를 유지하는데, 원자력 발전을 중단하는 것은 그들의 생계를 위협하는 것과 같다.

6) 전력 문제가 발생한다

문재인 정부의 탈 원전이 당장 모든 원전의 폐쇄가 아닌 장기적인 계획이라는 주장과 달리 신고리원전 중단, 학계와 업계의 위축, 해외 이슈화로 인한 수출 중단 위험으로 당장 발생하는 피해는 먼 미래의 일이 아니다. 그리고 에너지 정책은 빨라도 5~10년 뒤 영향이 나타나기 때문에 당장 문제가 없다는 식의 논리는 위험하다.

대한민국의 여름철 기후는 이미 열대기후에 가깝게 변화하였으며, 에어컨 사용량 증가에 의한 전기 사용량 폭등이 매년 발생하는 상황에서 '자연을 생각하자'라는 이상만으로 탈 원전을 추진하는 것은 비현실적 정책이다. 인간이 쾌적하게 생활할 수 있는 환경 조성이 먼저라는 것이다.

III. 결론

1. 결론

원자력 발전은 20세기부터 현재까지 화석 연료를 대체할 새로운 에너지원으로 각광받아왔다. 원자력 발전의 발전량은 빠르게 늘어났고, 많은 국가들이 원자력 발전 기술의 개발에 착수했다. 하지만 대규모의 인명 피해를 야기한『1984』년 체르노빌 원자력 발전 사고와 2011년 후쿠시마 원자력 발전소 사고로 원전의 안전성에 대한 우려가 커지자 상황은 반전되었다. 체르노빌 원자력 발전소 사고는 소련 붕괴의 원인 중 하나라고 평가될 정도로 큰 피해를 남겼고, 아직까지도 사고 발생 주변 지역은 출입이 통제되어 있다.

후쿠시마 원자력 발전소 사고 역시 완전히 정화되기까지는 긴 시간이 필요할 것으로 보인다. 두 사고의 공통점이자 원자력 발전소 사고의 가장 치명적인 단점은 원자력 발전소 사고의 피해가 사고가 발생한 지역에만 국한되지 않는다는 것이다. 체르노빌 원자력 발전소 사고 발생 이후 유럽 전역에서 방사능이 검출되었고, 미국 서부 해안에서는 태평양을 건너온 후쿠시마 발 방사능이 검출되었다. 더불어 원자력 발전 과정에서 필연적으로 생성되는 방사성 폐기물이 포화 상태에 이르면서 방사성 폐기물의 처리 문제가 대두되자 원자력 발전소에 대한 대중들의 시각이 달라졌다.

현재 많은 국가에 원자력 발전소는 골칫거리가 되었고, 이는 탈 원전 정책의 확산으로 이어졌다. 독일을 비롯한 많은 유럽 국가들이 원자력 발전을 중단했으며, 대만과 대한민국도 탈 원전 정책과 그에 따른 계획을 발표했다.

하지만 원전을 포기하지 않은 국가들도 있다. 프랑스는 80%에 달하는 원자력 발전의 전력 생산 비중을 50%까지 줄이기로 계획했으나, 원전 산업의 축소로 인한 경기 침체를 우려해 실행을 유예할 가능성이 있다고 밝혔다. 중국 역시 중국의 원자력 발전소 수만으로도 전 세계 원자력 발전의 감소치를 전부 메울 수 있을 만큼 급속한 원자력 발전량의 증가를 보이고 있다.

대만, 대한민국 등의 국가들은 원자력 발전을 중단하기로 결정했다. 그러나 이러한 국가들에게도 원자력 발전을 완전히 중지하는 것은 어려운 일이다. 다른 정책과 마찬가지로, 정부의 결정이 국민들의 반대에 부딪히는 것은 흔한 일이다.

대만의 경우, 새롭게 정권을 잡은 민주진보당 정권은 집권하기 이전부터 탈 원전 정책을 추진해왔다. 차이잉원 총통은 집권 직후 원전 가동을 중지하는 법안을 통과시켰고, 대만의 탈 원전이 성공적으로 이루어지는 듯했다. 하지만 야당인 국민당의 격렬한 반대와 원전 가동이 중지된 후 발생한 전력 공백 문제로 인해 탈 원전 정책에 대해 회의적인 여론이 증가했다. 대만 정부는 대립하는 의견을 조정하기 위해 탈 원전 정책의 폐기에 대한 의견을 묻는 국민투표를 실행했다. 국민투표 결과 탈 원전 정책을 폐기하자는 의견이 우세했고, 결국 대만 정부는 탈 원전 정책을 폐기하였다.

대한민국의 탈 원전 정책 상황은 대만과 유사하다. 문재인 대통령은 계속해서 탈 원전을 지지하였고, 많은 국민들이 동의했다. 하지만 문재인 정부가 집권 후 실행한 탈 원전 정책은 반대론자들의 반발에 막혀 그 실행에 어려움을 겪고 있다. 찬성 측과 반대 측의 근거를 모두 고려해 봤을 때 대한민국의 탈 원전 정책의 가장 주요한 쟁점은 '원자력 발전의 효율과 위험성 중 어느 것을 더 중시해야 하는가?'이다.

원자력 발전에 찬성하는 이들의 주요한 근거는 아직까지 원자력 발전의 경제성을 따라올 수 있는 발전 방법이 존재하지 않는다는 것이다. 원자력 발전은 발전 단가가 저렴할 뿐만 아니라 원자력 발전소의 수출을 통해 큰 수익을 얻을 수 있다. 이들은 아직까지 신재생 에너지의 효율과 경제성이 원자력 발전을 대체할 수 없기 때문에 원자력 발전을 중지했을 때 발생하는 전력 공백은 대처할 수 없는 큰 문제이며, 따라서 원자력 발전소 가동을 중지해선 안 된다고 주장한다.

원자력 발전에 반대하는 이들의 가장 핵심적인 근거는 방사능 오염에 관련된 것이다. 방사성 물질이 지구 전역에 확산되었을 때 발생하는 피해는 인류 전체에 재앙을 가져올 수 있을 정도로 위협적이다. 사고가 발생하지 않더라도 방사성 폐기물의 보관량이 포화 상태에 달했기 때문에 방사성 폐기물로 인한 오염 문제가 발생할 가능성이 높다. 이런 위험성을 가진 원자력 발전을 계속해서 이어나가는 것은 위험 부담이 너무 크다는 것이 탈 원전 정책의 지지자들의 주요한 의견이다.

탈 원전 정책의 결과는 아무도 알 수 없다. 원자력 발전을 대체할 만한 에너지의 부재로 인해 국가적인 전력 부족 사태를 겪을 수도 있고, 원자력 발전을 중지하고 난 이후에도 원자력 발전의 단점을 해결할 새로운 에너지원을 개발해 새로운 에너지의 시대가 열릴 수도 있다. 물론 에너지 정책의 변화가 없다면 아무런 변화도 없을 것이다. 확실한 것은 탈 원전 정책의 시행은 매우 신중하게 결정해야 할 사안이라는 것이다.

정부는 우리의 현재와 미래를 위해 정치적, 경제적 입장을 넘어 어느 때보다도 신중한 결정을 해야 할 것이다. 또한 탈 원전에 찬성 혹은 반대하며 일으키는 시위 등을 무조건적으로 진압하거나 무시할 것이 아니라, 그들의 주장을 자세히 파악하고, 수용할 점은 수용하는 태도가 필요하다.

탈 원전에 대한 의견을 갖고 있는 개인은 정부가 다양한 의견을 고려할 수 있도록 자신의 의견을 현명한 방식을 통해 표현하고, 의견이 없거나 탈 원전에 대한 인식이 부족한 사람들이 문제에 대한 관심을 가질 수 있도록 원자력 발전에 대한 정보를 제공하는 등 인식을 확장시키기 위해 노력해야 할 것이다.

2. 출처

1. The Japantimes "IAEA report on Fukushima slams lack of tsunami preparedness despite awareness of threat"

https://www.japantimes.co.jp/news/2015/05/25/national/iaea-report-fukushima-debacle-slams-lack-tsunami-preparedness-despite-awareness-threat/#.XDTEznl7n-c

2. pv magazine "Taiwan votes in favor of nuclear power"

https://www.pv-magazine.com/2018/11/26/taiwan-votes-in-favor-of-nuclear-power/

3. "Future is dim for US nuclear power plants"

https://www.thenational.ae/world/the-americas/future-is-dim-for-us-nuclear-power-plants-1.803434

4. 원자력동향보고서 https://www.worldnuclearreport.org/

3. 후기

• 참여자 1

친구들과 함께 마지막으로 연구논문 발표 대회에 참가하면서 협동심을 기르는 계기가 되었고 평소 매체를 통해서만 접했던 내용들에 대한 심화적인 부분들을 친구들과 함께 연구해보면서 자신만의 사고를 확립하게 된 것 같다. 또한 연구를 통해 평소 원자력 발전에 대해서 단편적으로 알고 있었던 사실에 대해서도 새롭고 보다 깊이 있게 알게 되는 계기가 되었다.

특히, 원자력 발전의 찬반 의견을 본질적인 근거와 탈 원전 정책에 따르는 현실적 어려움에 대해 알게 되었다. 이러한 내용들에 대해서 생각해보며 원자력 발전 이외에도 우리나라를 비롯한 세계 각지에서 끊임없이 발생하고 있는 에너지 정책을 둘러싼 갈등을 해결하기 위해 실질적으로 필요한 것이 무엇인가에 대한 생각도 해보게 되었다.

• 참여자 2

'원자력 발전'이라는 주제를 선정하고 나서 처음 논문을 쓰기 시작했을 때에는 걱정이 많이 되었다. 아무래도 우리에게 생소한 분야이다 보니 새로운 지식을 공부해야 했고 자료 조사를 할 때도 어려운 말이 많아 이해가 힘들었다. 하지만 새로운 분야에 대해 알아가는 것은 즐거웠다. 또한 혼자 하는 것이 아니라 조원들과 함께 하니 조금 더 쉽게 이해할 수 있었다.

작년과 같은 구성원으로 논문을 작성해서 그런지 지난번보다는 능숙하게 작성할 수 있었던 것 같고, 서로의 상황을 배려해주면서 일을 해서 더 효율적으로 논문을 작성할 수 있었다. 이번 논문을 준비하면서 새로운 분야의 지식을 많이, 그리고 정확히 알게 되어서 유익했고 열심히 일해 준 조원들에게 고마움을 많이 느꼈다.

• 참여자 3

우선 큰 갈등 없이 논문을 마무리해준 조원들에게 고맙다는 말을 전하고 싶다. 아무리 많이 들어본 주제라고 해도 어렵고 생소한 내용도 많았는데 끝까지 포기하지 않고 그 많은 자료들을 읽고 분석하고 정리해서 뿌듯하다. 나 또한 원자력이라는 주제는 수업시간에만 잠깐씩 접할 뿐 원전의 장점과 단점, 이런 것들을 자세히 알지는 못했는데 이번에 논문을 통해 그 실상을 알게 되니 원전에 대해 많은 생각이 생기게 된 것 같다.

내가 원전에 대한 확실한 의견을 가지고 찬반을 따져 주장하거나 대책을 당장 마련해 원자력 발전에 대한 피해를 줄일 수는 없지만 원전에 대해 누군가 물어보면 원전이 무엇인지, 장단점이 무엇이고 현황은 어떤지, 사람들의 인식이 어떤지 정도는 상세히 답변해줄 수 있을 것 같아 기쁘다. 가장 인상적이었던 것은 설문조사를 통해 원전에 대한 사람들의 인식을 조사했던 것이다.

대부분의 응답비율이 우리가 예상했던 것과 달랐다. 생각보다 많은 사람들이 우리나라의 원전에 대해 관심이 많았고 또 자세히 알고 있었다. 나는 개인적으로 우리나라 사람들이 원전에 대한 의견을 강력하게 제시하지 않고 있다 생각했는데 그것이 아니라는 점이 의외였고 가장 기억에 남는다.

우리나라도 대만처럼 국민투표를 하는 등의 활동을 통해 원전에 대한 국민들의 의견이 더 표면적으로 드러나면 좋겠다는 생각이 든다. 작년에 이어 여전히 부족한 점도 아쉬운 점도 많은 논문이지만 작년에 비해서는 많이 발전한 것 같다.

● **탐구보고서 작성에 참여한 계기**

일본 후쿠시마 원전 사고 이후 원전 정책을 두고 언론보도가 줄을 잇고 있다. 해외 일부 국가에서는 탈 원전 정책을 통해 원자력 발전소의 수를 줄이거나, 모두 폐쇄하고 있는 등 관련 이슈가 많이 있었다. 그래서 본 주제를 선정해 여러 나라의 원전 정책에 대해 조사하게 되었다. 무엇보다 원자력 발전에 대한 지식이 거의 없어 탐구보고서 작성을 기회 삼아 원자력 발전과 관련된 배경지식을 쌓자는 기대로 참여하게 되었다.

● **탐구보고서 작성 시 맡은 역할과 노력 과정**

내가 맡은 역할은 자료 조사였는데 처음에는 문과인 내가 원자력이라는 과학적 원리를 이해할 수 있을지 고민했다. 하지만 평소 관심이 있는 분야였고, 단순히 원자력 자체에 대한 접근이 아니라 원자력을 다루는 국가들의 입장에 대해 조사하였기 때문에 흥미롭게 연구를 진행할 수 있었다.

하나의 탐구보고서를 완성하기 위해서는 주제에 대한 깊은 조사와 연구를 해야 했다. 특히 사회 이슈에 대한 연구를 진행했기 때문에, 해당 주제가 이슈화된 사회적 배경, 역사적 사실도 함께 공부해야 했다. 원자력 발전소에 대한 보고서를 작성하며 1986년 체르노빌 원전 사고부터 현 정부의 원전 정책까지 많은 사건들을 조사했다. 각 나라별로 비교하고 분석해 자료화하는 것에 시간이 많이 걸렸지만 큰 보람이 있었다.

● **탐구보고서 작성을 통해 배우고 느낀 점**

이 연구를 통해 국가들의 입장이 찬성 혹은 반대 두 가지로 명확히 나눠지는 것이 아니라 한 국가 내에서도 각기 다른 입장들이 대립하고 있다는 것을 알 수 있었다. 그렇기에 원자력 발전 문제가 빠른 시간에 해결될 수 없는 문제라고 생각했다. 또, 원자력 발전소에서 발생한 사고들에 대해 조사하며 자세히 알지 못했던 원전 사고의 실상을 볼 수 있었는데, 피해 현장의 사진 자료들을 보니 사고의 참혹함이 생생히 느껴져 무서웠다. 그런 사진을 보면 원자력에 대한 공포심이 생겨 원자력 발전에 반대하는 것에 동의했으나, 원자력 발전의 효율이나 경제성을 나타내는 통계자료를 보면 원자력 발전이 불가피하다는 주장도 이해가 되었다. 이번 연구를 통해 대립을 완화하여 대안을 마련하는 것의 중요성과 어려움을 알 수 있었다.

어문계열

 제목 : 문학의 시대에 따른 장르 변화와 재해석 : 로미오와 줄리엣

Ⅰ.서론

몇백 년, 몇천 년 전의 작품이 현대를 살아가는 우리에게 여전히 깊은 울림과 감동을 주고 있다. 오랜 시간 전승되어 오면서도 묻히지 않고 꾸준히 사랑받아 온 문학의 힘의 원인을 찾고자 로미오와 줄리엣을 통해 문학 작품이 전승되고 전이되어 오는 과정을 통해서 알아보고자 한다.

II. 본론

1. 로미오와 줄리엣 소개

로미오와 줄리엣은 1595년에 창작된 것으로 추측되는 셰익스피어의 희곡이며 작자의 낭만적 비극으로는 최초의 작품이며 이탈리아의 소설가 마테오 반델로의 작품(1554) 내용을 소재로 한 것으로 생각되나, 직접적으로는 아서 브루크의 내러티브 시《로메우스와 줄리엣의 비화》(1562)에 의거하여 저작되었다.

베로나의 몬터규가와 캐풀렛가는 일찍부터 서로 원수 집안이었다. 서로 다른 집안인 로미오와 줄리엣은 사랑에 빠지고 두 사람은 로런스 신부의 도움으로 비밀리에 결혼식을 올리지만, 양가 친족들 간에는 칼부림이 일어난다. 친구인 마큐시오가 살해되자 로미오는 이를 복수하기 위해 상대방인 티벌트를 살해하고 추방형을 받는다.

두 사람은 처음이자 마지막이 된 하룻밤을 함께 지낸 후, 로미오는 만토바로 도피한다. 아버지의 명령으로 패리스 백작과 결혼하게 된 줄리엣은 로런스 신부가 준 비약을 먹고 가사 상태로 납골당에 안치된다. 줄리엣이 죽었다는 기별을 받은 로미오는 납골당으로 달려와 애인이 정말 죽은 줄 알고 음독자살한다. 가사 상태에서 깨어난 줄리엣은 모든 진상을 알아채고 단검으로 가슴을 찔러 자살한다는 것이 줄거리이다.

2. 로미오와 줄리엣의 장르적 변이

셰익스피어의 희곡에서 로미오와 줄리엣의 이야기는 5일 만에 일어나는 것으로 서술되어 보다 긴박감 있게 전개되고, 셰익스피어는 이러한 시간의 압박감을 강조하기 위해 장면별로 시간과 장소를 정확히 명시한다. 또한 셰익스피어는 티볼트와 로미오의 격투 장면을 먼저 등장시키고 캐퓰렛 가의 파티에 그를 참여시킴으로써 극의 긴장감을 조성하고 이후의 사건에 동기 및 개연성을 부여하였다. 이러한 요소들로 인해 셰익스피어의 〈로미오와 줄리엣〉은 극적인 효과와 풍부한 은유를 동원한다. 로미오와 줄리엣은 셰익스피어 극 중에서도 가장 강렬한 운명적 연애 비극으로써, 청년극작가 셰익스피어의 명성을 일시에 떨치게 한 대표작이다.

출처 : 로미와 줄리엣(1968년 영화)

출처 : 로미와 줄리엣(1996년 영화)

　로미오와 줄리엣은 유명한 작품답게 영화화도 되었는데 1968년에 개봉한 〈로미오와 줄리엣〉과 1996년에 개봉한 〈로미오와 줄리엣〉이 대표적이다. 개봉연도에 차이가 있는 만큼 두 영화는 각각 당시의 시대상이 반영되었다. 1968년도 작품은 셰익스피어 희곡의 고전적인 해석이라고 할 수 있는 반면, 1996년 작품은 원작의 틀에서 벗어나지 않으면서 보다 현대적으로 작품을 재해석하였다. 원작의 설정 중 여러 가지 요소를 통하여 현대식 로미오와 줄리엣을 연상시키게 했다. 또한 1968년 작품에서 두 집안이 싸울 때, 줄리엣이 자살을 할 때 도구로 검을 사용하지만 1996년 작품에서는 모두 총으로 바뀐다. 또한 1996년 작품은 로미오와 줄리엣을 현대적으로 재해석한 만큼 pop장르의 음악을 사용하기도 하고 팝아트 형식의 다양한 색채를 입혔다.

셰익스피어의 뛰어난 통찰력과 풍부한 시적 은유가 더해진 로미오와 줄리엣의 격정적이고 지고지순한 사랑은 이후 400여 년간 수많은 예술가들에게 창작의 영감을 안겨주었고, 연극과 음악, 미술, 영화, 뮤지컬, 발레, 오페라 등 다양한 장르에서 각기 다른 방식으로 재창조되어 왔다.

III. 결론

훌륭한 문학 작품은 오랜 시간이 지나더라도 전승되고 기억되기 마련이다. 원작 그대로 전승되는 것도 당시의 시대적 상황과 가치관 등이 보존된다는 점에서 의미가 있지만, 작품이 다양하게 변화한 형태들이 함께 전해진다면 작품이 갖는 의미가 보다 풍부해질 것이다. 작품의 장르를 바꾼다면 작품 향유 계층의 범위가 넓어질 수 있을 것이다.

예를 들어, 어떤 작품이 소설로만 표현된다면 어린 아이나 노인, 문맹자에게는 작품에 대한 접근 기회가 주어지지 않는다. 하지만 그것이 영화로 제작된다면 그러한 문제를 해결할 수 있을 것이다. 작품 속에 반영된 시대적 상황이나 가치관을 바꾼다면 이후에 원작에 반영되었던 시대적 상황 및 가치관과 비교하여 시대적 변화를 파악할 수 있는 자료가 될 것이다. 이러한 효과와 문화의 특성을 고려하였을 때 우리는 문학 작품을 보다 능동적으로 감상 및 재창작할 필요가 있다.

IV. 출처

1. 영미문학 영화로 읽기(문학과영상학회 저)
2. [네이버 지식백과] 로미오와 줄리엣 [Romeo and Juliet] (두산백과)
https://terms.naver.com/entry.nhn?docId=3574271&cid=58779&category
Id=58779
3. 논문) 희곡과 영화의 「로미오와 줄리엣 」 비교 연구

🔍 선배의 탐구보고서 의미 들여다보기

● 탐구보고서 작성에 참여한 계기

평소에 소설과 영화 등 다양한 문학작품 감상하는 것을 좋아했는데, '영미문
학 영화로 읽기(문학과영상학회 저)'란 책을 읽게 되었다. 이 책에서는 영화화된
영미문학작품인 '헨리 5세', '햄릿', '테스', '허클베리 핀의 모험', '위대한 개츠비'
등에 대해 원작과 영화를 비교해 설명하며 달라진 부분에 대해 감상자로서 어
떤 자세로 이해할지에 대해 서술해 두었다.

이를 통해 나에게 친숙하고 대중적으로 알려진 '로미오와 줄리엣'에 대해 직
접 조사를 해보고 문학작품과 2편의 영화를 비교하고 그 외 장르로 재창작되어
가는 것에 흥미를 느껴 탐구보고서를 작성하게 되었다.

● 탐구보고서 작성 시 맡은 역할과 노력과정

디카프리오가 주연한 영화로만 접해 본 '로미오와 줄리엣' 보고서를 쓰면서 올
리비아 핫세의 1968년 영화도 찾아보고, 원작인 셰익스피어의 희곡도 보게 되었

다. 영화의 경우는 20여 년의 시간차를 두고 만들어진 만큼 어떻게 해석하고 원작을 시대에 맞게 각색하였는가에 초점을 맞추어 감상하면서 관련 자료를 조사하였다.

그리고 영화나 연극 외 장르로 발표된 작품이 있는지를 찾아보고, 장르별 특징을 찾아보고자 노력했다. 널리 알려진 작품이어서 이미 알고 있던 정보, 인터넷상에서 공개되어 있는 정보, 관련 연구 등이 많았던 만큼 내용을 축약하고, 핵심을 뽑아내는 데 많은 시간을 투자했고, 이 보고서를 통해 내가 하고자 하는 주제를 명확히 들어내기 위해 노력했다.

● 탐구보고서 작성을 통해 배우고 느낀 점

내가 기존에 알고 있던 정보들로 인해 편견을 가지지 않고 열린 자세로 정보를 취합하면서, 새롭게 알게 된 점이 많았다. 2013년에 카를로 칼레이 감독이 제작한 '로미오 앤 줄리엣'이란 영화가 더 있다는 것과, 발레와 오페라까지 다양한 장르로 제작되고 있다는 것을 알게 되었다. 무엇보다도 셰익스피어의 희곡을 원작으로 알고 있었는데 조사과정에서 이탈리아의 소설가 마테오 반델로의 작품(1554) 내용을 소재로 한 것으로 판단했다.

그러나 직접적으로는 아서 브루크의 내러티브 시 《로메우스와 줄리엣의 비화》(1562)에 의거하여 저작되었다는 사실을 알게 된 것이 새로웠다. 영화 1편, 희곡 1편을 보고 읽은 게 전부라 발레, 연극, 뮤지컬 등 다양한 장르를 직접 접해보지 못한 것이 아쉬움으로 남았다.

보고서 작성을 계획할 때, 하나의 작품이 어떻게 지금까지 사랑받을 수 있고 전승될 수 있었는지에 초점을 맞추었는데 내가 생각했던 결론을 도출해 보람되었다.

 제목 : 영화 번역으로 본, 번역의 조건

Ⅰ. 서론

영화 번역은 두 줄이라는 제한된 공간 안에 한 줄당 약 16글자 이하로 화자가 말하는 명확한 메시지를 전달하는 작업이다. 이때, 화자의 대사뿐만 아니라 화면 속 상황, 영화의 배경, 감독의 의도까지 고려해야 하기 때문에 항상 여러 관점에서 주의를 기울여야 한다.

요즘 전 세계적으로 화제인 봉준호 감독의 '기생충'의 경우도 미국 출신 영화 평론가 달시 파켓이 우리 문화에 대한 이해와 고민을 바탕으로 적절하게 번역해 전 세계인의 공감을 이끌었다고 평가받고 있다. 그런데 2018년을 뜨겁게 달구었던 어벤져스 오역 사건의 경우는 의미 전달에 실패해 관객들의 비웃음을 사고 원성을 듣기도 했다.

영화뿐만 아니라 드라마 등의 활발한 수출입으로 우리는 안방 또는 극장에서 다양한 국가들의 영상콘텐츠를 접할 수 있게 되었다. 감독이나 작가가 원하는 의도를 보다 정확하게 전달해 작품의 묘미를 감상할 수 있도록 도와주는 것이 번역의 중요한 역할이다. 따라서 번역의 성공, 실패 사례를 보고, 직접 영화의 유명 대사들을 번역해보는 활동을 통해 '완벽한 번역'을 위해 필요한 조건들이 무엇이 있을지를 고민해보고자 한다.

II. 본론

1. 번역의 성공 및 실패 사례

1) 나쁜 예
– 어벤져스 : 인피니티 워

① "We're in the end game"

출처 : 어벤져스 인피니티 워(마블 스튜디오)

"이제 마지막 단계야."라는 뜻으로 쓰였으나 "이젠 가망이 없어."라고 번역해 영화의 결말을 파악하는 데 큰 영향을 미친 오역이다.

② "Squidward"

아이언맨이 에보니 모를 보고 애니메이션 '스폰지밥'의 캐릭터인 '징징이'를 닮았다고 비꼬는 의미로 'Squidward'라는 단어가 사용되었으나 번역하지 않고 삭제하였다.

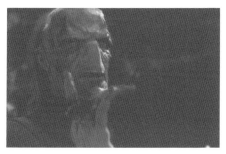

출처 : 아이언맨 영화(마블스튜디오)   출처 : 스폰지밥 영화(러프 드래프트 스튜디오)

③ "We don't trade lives"

"수백만의 생명을 지키기 위해 한 생명을 희생시킬 수 없다."는 뜻으로, 캐릭터의 신념을 드러내는 대사였으나 "친구를 버릴 순 없어."라는 단순한 뜻으로 번역되었다.

④ "Mother fucker"

미국에서 욕설로 사용되는 대사였으나 '어머니'라고 직역되었다.

– 배트맨 대 슈퍼맨 : 저스티스의 시작

① "Crime wave in Gotham! Other breaking news : Water is wet"

'Water is wet'는 당연한 소리, 뻔한 이야기라는 뜻으로 '고담시는 범죄 소굴, 이는 당연한 이야기이다.'라는 뜻으로 쓰였으나 '고담시는 타락했고 물난리가 났다.'라고 직역되었다.

2) 좋은 예

– 기생충

① 전화위복 〉 Lemons into lemonade

출처 : 기생충 영화(CJ엔터테인먼트)

전화위복을 사전적으로 번역하면 'Bad luck often brings good luck'이 되지만 직역 대신 '삶이 레몬(역경)을 주면 긍정적인 자세로 레모네이드(성과)를 만들라.'는 뜻의 영어 격언을 활용하였다.

② 아줌마는 째고 쌨으니까 〉 It's easy enough to hire a new one

'째고 쌨다'는 한국식 표현을 그대로 번역하는 대신 '새로 구하는 게 어렵지 않다.'로 번역하였다.

③ 카카오톡 〉 왓츠앱

한국에서 주로 사용하는 카카오톡 대신 외국에서 주로 이용하는 '왓츠앱'이라고 번역하였다.

④ 극혐 〉 What a scumbag

'극도로 혐오하다'의 줄임말로 한국의 10대들이 주로 사용하는 은어인 '극혐'을 'What a scumbag'이라고 번역하였다.

⑤ 인디언 오타쿠 〉 Indian fanatic

한국과 일본에서만 주로 사용되는 '오타쿠'라는 단어를 '광신도'라는 뜻의

'fanatic'이라고 번역하였다.

2. 주요 영화의 번역

1) 신과 함께 : 인과 연

'신과 함께'는 2018년 우리나라에서 개봉한 판타지 영화이다. 시리즈로 '신과 함께2'가 2019년에 개봉했는데 동남아시아 쪽이나 해외에서 인기가 많다는 것을 듣고 우리나라에만 있는 저승의 개념을 번역해본다면 어떨지 궁금해서 한번 찾아보았다. 원작이 웹툰인 이 영화의 배경은 저승과 이승이며 주로 신화를 바탕으로 만들어져 외국인들이 공감하기 어려울 것 같다고 생각했다. 영화의 주인공들은 저승사자이고 외국에는 이러한 세계관이 존재하지 않을 것 같아 번역이 더 어려울 것 같았다.

먼저 나는 이 영화의 배경인 저승이 서양문화권의 지옥과 가장 유사하다고 생각한다. 조금 단순하게 'hell'이라는 단어를 쓸 수도 있을 것 같지만 그렇다면 이승을 표현하기 힘들 것 같아 나는 영화에서 저승이 망자들이 영원히 고통을 받으며 살아가고 있는 곳으로 나오기 때문에 번역을 한다면 저승을 'dead world'라고 할 것 같다. 그리고 이승은 현실세계를 말하는 것이므로 'living world'라고 하면 좋을 것 같다. 영화의 저승사자를 번역하기 위해 서양 문화권에도 비슷한 관념이 있을지 찾아보았는데 외국에서는 저승사자를 가리키는 단어로 'Grim Reaper'를 쓴다.

또한 영화를 보면서 가장 인상 깊었던 장면의 대사를 번역해보았다. 이 장면은 성주신 역할을 맡았던 마동석이 사라지기 직전에 한 명대사이다. 영화를 보면서도 되게 멋진 말이라고 생각했었다.

출처 : 영화 〈신과 함께〉

"원망스럽고, 원통하고, 이해가 되지 않을 때, 모든 걸 거꾸로 생각해봐. 그러면 풀릴 거다. 거기엔 나쁜 사람이 아니라 나쁜 상황이 있는 거니까."

"Whenever you are so bitter and resentful about something, Think everything the other way. Then you'll be able to solve the problem. There's just not bad man but bad situation.

2) 극한직업

2019년 최초로 1000만 관객을 돌파한 영화로 기록된 극한직업이 한국에서 성공할 수 있었던 비결은 감독 특유의 유머코드가 잘 녹아든 대사들과 화려한 액션신 덕분이라 생각된다. 이런 영화가 외국에 수출된다면 전 세계 사람들이 가볍게 즐길 수 있는 재밌는 영화인 것 같아서 명장면을 번역해보았다.

출처 : 영화 〈극한직업〉

① 영화의 주인공 류승룡이 잠복수사를 위해 치킨집을 운영하게 되는데 생각보다 너무 잘 되어 전화주문을 받을 때 자동적으로 나오는 대사이다. 이 영화에서 가장 유명한 대사이기도 하다.

"지금까지 이런 맛은 없었다! 이것은 갈비인가? 통닭인가? 네 수원 왕갈비 통닭입니다."
"Never did chicken taste this good! Is it a rib or a chicken? This is Suwon Galbi Chicken."

② 두 번째 장면은 형사 팀 중 한 팀원이 범인들의 행적을 파악하기 위해 치킨집 앞에서 잠복해 있다가 범인들을 보자 출동하자고 무전했지만 다들 치킨집 운영으로 바빠서 아무도 무전을 듣지 못했다. 결국 혼자 범인을 쫓다가 놓치고 와서 화가 난 팀원들에게 하소연하는 대사이다.

"범인 잡으려고 치킨집 하는 겁니까? 아니면 치킨집 하려고 범인을 잡는 겁니까?"
"Are you guys frying the chicken for catching the criminal? or catching the criminal for frying the chicken?"

III. 결론

봉준호 감독은 인터뷰에서 "영화 번역은 문자 그대로 번역하거나 단순히 단어의 의미를 전달하는 것이 아니라 감독이 의도한 메시지를 식별하고 해외의 관객이 영화의 메시지를 이해할 수 있도록 언어를 디자인하는 작업입니다. 영화 그리고 해당 국가의 문화와 언어능력에 대한 전문적인 통찰력을 요구하는 복잡한 과정입니다."라고 밝혔다.

여기서 알 수 있듯이 '기생충'의 번역이 뛰어나다고 평가받는 이유는, 우리나라의 문화를 제대로 표현하면서도 세계인들의 공감을 이끌어낼 수 있는 적절한 단어를 사용했다는 것이다.

달시 파켓은 '짜파구리'를 영어로 '람동(Ram-don)'이라 번역하였고 이것은 라면과 우동을 섞었다는 뜻으로 그렇게 번역했다고 한다. 그리고 '서울대'는 '옥스퍼드(Oxford)'로 바꾸어 한국 영화를 번역할 때에 영화에 담긴 우리나라의 정서를 전달하면서도 외국인들이 우리나라의 문화를 이해할 수 있도록, 공감할 수 있도록 번역했다. 무엇보다도 봉준호 감독 스타일의 유머를 정확하게 이해하고 극 분위기와 뉘앙스까지 번역했다는 극찬을 받고 있다.

이러한 사례를 보면서 '외국어를 우리말로 정확하게 옮기는 것, 혹은 그 반대인 1차원적인 번역에서 벗어나 '문화의 현지화'를 통해 전 세계적 공감을 이끌어낼 수 있다는 것을 알게 되었다. 그러기 위해서는 상대 문화에 대한 깊은 이해를 바탕으로 서로 다른 두 문화를 이어주는 매개체로써 번역가의 역할을 수행할 필요가 있다는 결론에 도달하게 되었다.

Ⅳ. 참고문헌 및 자료

https://blog.naver.com/dgtongbeon/221532472223
https://blog.naver.com/textreeb2b/221816874884
https://blog.naver.com/sk-trans/221511058592
어벤져스, 극한직업, 기생충, 신과 함께 스틸컷 출처 : 네이버

● 탐구보고서 작성에 참여한 계기

평소 영어를 좋아하고, 통번역사에 대해 관심이 많던 중, 어벤져스의 오역 사건을 보며 번역에 대해 알아보고 싶다고 생각하게 되었다. 그래서 막연히 알고 있던 번역의 의미와 오역 사례 및 번역의 성공적 사례를 찾아보고 직접 일부를 번역해보고 싶다는 생각이 들어 탐구보고서를 작성하게 되었다.

● 탐구보고서 작성 시 맡은 역할과 노력 과정

이 보고서는 단독으로 쓴 보고서라서 자료조사부터 시작해 모든 부분을 혼자하게 되었다. 처음에 영화 번역에 대해 쓰겠다는 큰 주제는 있었지만, 어떻게 풀어내야 할지 방향을 잡지 못해 힘들었다. 그러다 보니 목차를 잡는 것에 많은 시간이 걸렸다. 그래서 목차를 정하기 전에 자료를 우선적으로 검색해 보았다. 어벤져스 오역 사건을 보는 다양한 의견들을 읽으며 가장 나와 흡사한 견해를 가진 글을 토대로 자료를 좀 더 보강해 나가고자 했다.

그리고 널리 알려진 오역 사건 말고도 사례가 더 있을 것 같아 인터넷 자료들을 검색했다. 이와 동시에 성공적인 사례도 함께 찾아보았는데, 특히 영화 '기생충'의 번역 스토리와 해외 성공 스토리를 알게 되었다. 모은 자료들을 이용해 머릿속에 구상된 내용을 토대로 목차를 잡고 나니 글을 쓰는 것이 순조로웠다. 이후 실제 내가 번역을 해보는 것은 어떨까 싶어서 내가 재미있게 봤던 영화를 선정해 주요 대사를 직접 번역하면서 느낀 점들로 결론을 내렸다.

● 탐구보고서 작성을 통해 배우고 느낀 점

평소에 영화 보는 것을 좋아했는데, 내가 관심 있는 분야를 보고서로 작성하게 되어서 더욱 몰입할 수 있었던 것 같다. 주요 대사를 번역한 경험은 내 영어 실력의 수준을 알게 해주어 큰 자극이 되었고, 또한 그냥 알고 있었던 사실을 확실한 나만의 지식으로 만들 수 있었던 것 같다.

두 개의 다른 언어를 서로 바꿔주는 것을 번역이라고 대충 알고 있었는데, 기술적 번역이 아닌 의식과 감정을 공유하고 소통하는 번역이 되어야 한다는 것을 깨달았다. 또한 통번역의 의미와 그 속에 담긴 철학 등을 조금이나마 이해할 수 있게 되었다. 직접 부딪혀 보고 고민해서 얻은 보고서는 나의 진로에 대해 깊이 있게 생각할 수 있는 기회가 되었고, 앞으로 나아가야 할 방향도 제시해 주었다.

경영·경제·통계계열

제목 : 교동 지역개발 프로젝트(향교 프로그램 개발을 통한 지역 활성화 방안)

I. 서 론

1. **연구동기(필요성과 목적)**

한국사 교과 시간에 조선시대 교육기관에 대해 배우던 중 향교의 역할과 그 가치에 대해 알게 되었다. 과거 향교와 그 주변은 가장 발전된 곳으로, 아주 중요한 교육기관임을 알게 되었다. 하지만 과연 양산의 향교가 있던 교동마을인 강서동은 교육적·문화적 수준에 있어서 발전되었는지에 관해 의문이 들게 되었다. 이에 현재 강서동의 낙후된 실태를 조사하여, 교육·문화적 문제점들을 보완할 수 있는 최적의 방안을 모색하고자 탐구하게 되었다.

이를 위해 교동주민과 학생들 인식을 조사해보고, 도출된 결과를 최대로 수렴하여 궁극적인 방안 수립에 반영할 수 있도록 하였으며, 이를 토대로 현실적 해결을 위한 이정표를 제시하고자 한다.

2. 연구문제

현재 교동은 물금읍, 범어리와 같은 농어촌 지역이 아님에도 불구하고, 전국 수준에서의 교육과 문화수준이 낙후되어 있는 상황이다. 이에 본 연구팀은 연구과정에서 설문, 현장, 자료 조사를 통해 교동의 교육·문화 실태를 파악하여 문제 상황을 정확히 인식하고, 개선이 필요한 부분을 보완함으로써 교동의 발전 가능성을 확인하고자 한다.

같은 재단의 3개 학교가 인접해 있으며, 전통 교육의 기점인 향교가 중심에 자리 잡고 있는 교동만의 특색을 활용한 발전 프로그램을 고안하는 것이 이번 연구의 궁극적인 목적이다. 또한 교동 주민 전체가 참여할 수 있는 프로그램을 통해 교동 전체의 문화적 가치를 고양하고, 상부상조를 모토로 하는 전인격적 발전을 이루는 것을 목표로 한다.

3. 연구방법

재학생과 교동 주민들을 대상으로 하는 설문조사를 통해 강서동에 대한 학생·주민의 인식을 알아보고, 설문결과를 참고자료로 삼아 개발 프로그램 기획에 있어 학생·주민의 의견을 반영하고자 한다. 또한 ○○고등학교 학교장(교장선생님), ○○동 주민센터, 양산시청에 직접 인터뷰를 함으로써 구상한 교동 지역 개발 프로그램의 현실 실현 가능성을 확인하고, 추상적인 단계를 넘어 실제로 적용 가능하도록 계획을 구체화시키고자 한다.

II. 이론적 배경

1. G.D.P 이론적 배경

1) 교동(강서동)의 낙후 수준 파악
– 자료 조사

〈표1〉○○동 주민자치센터와 □□동 주민자치센터의 비교 및 분석

	○○동 주민자치센터	□□동 주민자치센터
페이지 개수(게시물 수)	2 page (14개 게시물)	4 page (39개 게시물)
게시물 업로드 주기	최소 1일 – 최대 약 5달	최소 0일 – 최대 약 2달
조회수	최대 133 (평균 30–50)	최대 944 (평균 100–150)
주민자치 문화·교육 게시물 개수	9개	32개

• 자료 분석 : 양산시 내 인접하여 위치하는 ○○동과 □□동의 주민자치센터의 객관적인 수치 자료를 파악하여 비교한 결과 강서동이 양주동에 비해 주민자치능력과 문화·교육 수준이 현저히 낙후되어 있음을 알 수 있음.

<표2> ○○동과 □□동의 국민기초생활보장 수급자 현황 비교 및 분석

읍면동	총 수급자	
	가구(Households)	인원(Persons)
○○동	191	327
□□동	484	956

• 자료 분석 : ○○동과 □□동의 국민기초생활보장 수급자 현황을 비교한 결과 ○○동이 □□동에 비해 수급 가구 수는 적지만 '최저생계비 수급 가구당 인원'은 ○○동이 약 0.58명, □□동이 약 0.50명으로 수급자 비율은 ○○동이 더 큼을 알 수 있어 ○○동의 경제적 낙후 수준 짐작할 수 있음.

– 현장 조사

〈그림 1〉 학교 주변의 교육 문화적 낙후 상황 파악

• 분석 : 교동에 위치하는 학교주변모습을 촬영하였으며, 비포장도로와 좁은 인도, 노후화된 주택 등을 통해 강서동의 낙후된 수준과 통행에 어려움을 겪고 있는 실상을 파악할 수 있었다.

– 교동 교육·문화 수준에 대한 ○○동 주민의 인식 조사 및 분석

① 조사 방법

직접 판넬을 들고 강서동을 돌아다니며, 참여자에게 ○○동 거주 여부를 확인하는 절차를 거쳐 설문 조사의 목적을 설명하고 설문을 진행하였다.

인식수준	발달	보통	낙후
수 (비율)	4표 (6.06%)	13표 (19.69%)	49표 (74.24%)

② 결과 및 분석

교동 교육·문화적 수준에 대한 주민들의 실제 인식조사를 실시한 결과, 74.24%가 교동이 교육·문화적으로 낙후되어 있다고 답변하였으며, 이를 통해 주민들 또한 ○○동이 낙후되어 있음을 체감하고 있다는 점을 파악하였다.

2) 향교 실시 프로그램 파악

(1) 양산 향교

향교는 고려와 조선시대에 유교의 옛 성현을 받들면서, 지역 사회의 인재를 양성할 목적으로 설립된 전통 지방교육기관이다. 경상남도 유형문화재 제 205호에 등재된 양산향교는 1406년(태종 6년)에 창건되었으며, 유교의 가치관을 받들

며 현재까지도 그 정신을 계승하고자 여러 활동을 개최한다.

(2) 전국 향교 실시 프로그램

① 고전 교실 분야

내용 : 향교·서원의 명륜당(향교에 부설되어 있는 학당)을 이용한 문화예술교육

– 서예교실 : 붓글씨 배우기

– 전통춤교실 : 우리 전통춤 배우기

② 인성교육 분야

내용 : 향교·서원의 명륜당을 이용한 인성함양교육

– 서당운영 : 지역 초등학생들이 향교·서원을 방문하여 서예 등을 배우는 프로그램 운영

– 다도교실 : 전통 다도체험과 교육을 통한 인성 함양

③ 예절교실 분야

내용 : 향교·서원의 명륜당을 이용한 예절교육

– 청소년 / 일반인 예절교실 : 학교예절, 사회예절 등 인간의 근본이 되는 예절 교실 실시

④ 기타 분야

내용 : 전통문화와 현대문화를 접목 및 발전 시켜나감으로써 향교·서원을 오늘날의 생활 속에 끌어들여 전통문화 활동공간으로 유도하고자 하는 프로그램

– 향교에 도서관과 같은 문화공간으로 조성 : 일반자료실, 도서관, 독서 공간 조성

3) 향교 개발 성공사례

(1) 향교 발전의 성공 사례 – 밀양 향교 작은 도서관

경남 밀양시는 향교를 작은 도서관으로 활용한 이후 새로운 문화 공간으로 재탄생했다고 13일 밝혔다. 장서는 3천여 권이 비치돼 있고, 이용자수 누적 1만 3천여 명에 달하여 성황을 이루었으며, 스토리텔링과 독후활동 등 다양한 행사를 개최할 때마다 향교 방문객이 급증하고 있는 상황이다.

(2) 낙후지역 발전의 성공사례

6.25 전쟁 중 전국에서 부산으로 몰려든 피난민들에 의해 산허리에 형성된 '달동네'에서 마을 앞의 산복도로 일대를 관광지로 개발한 프로젝트를 통해 마을 고유의 환경에 문화·예술·경제를 접목시키는 '산복마을 르네상스 프로젝트'를 실시하였다.

4) 전인격적 교육

(1) 전인격적 교육과 창의·인성교육의 상호 관련성과 필연성

최근 미래 지향적 교육은 새로운 가치를 창출하고, 동시에 더불어 살 줄 아는 인재를 양성하는 창의·인성교육이 강조되고 있다. 즉, 창의·인성교육은 창의성교육과 인성교육의 독자적인 기능과 역할을 강조하면서, 동시에 두 교육의 유기적 결합을 통해서 올바른 인성과 도덕적 판단력을 갖춘 인재를 육성하고자 한 것이다.

이를 위해서는 유연한 교육, 다양하고 특성화된 교육, 교과와 체험활동이 융합된 교육, 교육과정에 포함되는 인성교육이 이루어져야 한다. 이러한 미래의 교육은 창의·인성교육임과 동시에 전인교육과도 맥을 같이한다고 할 수 있다.

1. 설문조사

1) 교동의 교육·문화 수준에 대해 어떻게 생각하십니까?

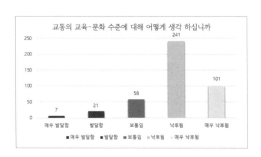

앞서 실시한 교동주민 인식조사 결과와 마찬가지로 교동이 낙후(매우 낙후+낙후)되었다고 생각하는 학생이 342명(79.9%)으로 과반수를 차지하고 있다는 것을 알 수 있었다.

2) 공동교실을 열어 프로젝트 수업을 하는 것에 대해 어떻게 생각하십니까?

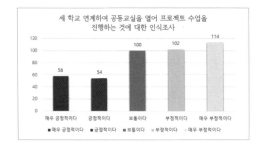

학생들의 향교 이용 실태를 알아보기 위한 설문조사 결과, '한 번도 없다'라는 항목이 288명(67.29%)로 압도적으로 많았다. 이 설문항목을 통해 향교가 양

산 ○○고등학교에서 500M 거리의 가까운 곳에 위치해 있음에도 제 기능을 다 하지 못하고 있는 실태를 알 수 있었다.

설문조사 결과 반대표(부정적+매우 부정적)가 50.46%로 가장 많았고, 찬성표 (긍정적+매우 긍정적)와의 표 차이가 104표로 높은 수치를 보였다. 이에 우리 팀 은 이와 같은 부정적인 결과가 '공동교실'이라는 단어에 대해 학생들이 느끼는 이미지에 기반하고 있다고 느끼고, 학생들의 요구를 적극 반영한 교육 프로그램 을 고안하고자 2차 설문조사를 실시하였다. 2차 설문에서는 공동교실을 반대하 는 이유에 대한 항목과 자신이 원하는 공동교실의 방향에 대한 항목을 다뤘으 며, 설문 결과 참여자 417명 중 68%가 대학 입시에 치중한 주입식 수업에 한해 서는 별다른 연계 효과를 느끼지 못하였다고 답하였다.

또한 설문 참여자 중 34%가 자기 주도적(창의적) 활동을 중심으로 한 프로젝 트 수업을 원한다고 답하였다. 이를 토대로 우리 팀은 학생이 중심이 되어 자유 주제를 선정하고 이에 대해 발표하는 프로젝트 수업으로 공동교실을 진행하고 자 방향을 설정하였다.

3) 향교를 방문하거나 향교에서 체험, 교육활동을 해본 적이 있습니까?

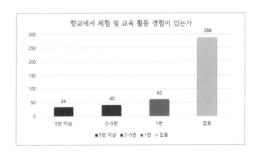

4) 향교에서 여중·여고·○○고가 공동으로 문학의 밤 행사를 개최하는 것에 대해 어떻게 생각하십니까?

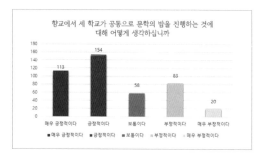

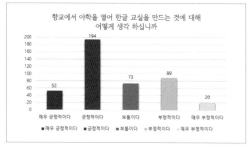

 문학의 밤 행사 공동추진에 대한 학생들의 인식을 알아보기 위한 설문조사에서, 긍정적으로 생각하는 학생들이 267명(62.38%)로 부정적으로 생각하는 학생들(37.62%)의 2배에 가까운 수치를 보였다. 또한 학생들이 직접 강서동(교동)에 거주하는 외국인 노동자와 주민을 대상으로 한글을 가르치는 야학을 여는 것에 대한 설문조사를 진행한 결과 긍정적인 반응(긍정+매우 긍정적)이 57.47%로 과반수를 차지한 것을 알 수 있었고, 이를 통해 양산 ○○고등학교 학생들이 강서동 주민들과 교류하는 시간을 가지는 것에 대해 긍정적으로 생각하고 있음을 알 수 있었다.

5) 교동의 독거노인을 대상으로 말벗 되어드리기 등의 봉사 활동 실시에 대해 어떻게 생각하십니까?

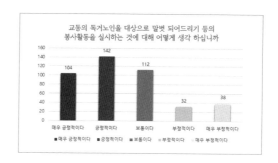

교동 내 독거노인을 대상으로 학생들이 말벗 되어드리기와 같은 봉사활동을 진행하는 것에 대해 설문조사를 실시한 결과 약 57.46%의 학생들이 독거노인의 말벗 되어드리기 봉사활동에 대해 찬성하는 것으로 나타났다. 고독사 문제가 심화되고 있는 현재, '독거노인 대상 봉사활동'과 같은 전인격적 활동을 통해 학생들이 사회 문제 관심을 갖고, 강서동에서 상부상조 문화가 자리 잡는 계기로 작용할 것으로 예상한다.

2. 인터뷰

1) 학교장 인터뷰

Q : 저희가 고안한 학교 연계프로그램을 실제로 실행하기 위해 거쳐야 하는 과정에 대해 어떻게 생각 하시나요?

A : 학교는 조직화된 구조이기에 거쳐야 할 단계가 많다. 또 세 학교의 이해관계가 상충될 수 있기 때문에 연계 프로그램을 실행하기 위한 과정은 복잡할 것으로 예상된다.

Q : 학교 연계 프로그램의 실현가능성에 대해 어떻게 생각하시나요?

A : 물론 기반이 잘 잡혀있다면 학교 연계 공동 교실 또한 충분히 실현 가능하고, 교동의 교육 수준을 고양시키는 데 큰 역할을 할 수 있을 것이지만, 지금 당장 실현하기에는 분명한 어려움이 있다. 그렇기에 세 학교를 연계하는 교육에 모든 것을 집중하기보다는 강서동의 특색을 살려 주민들과 학생이 모두 발전할 수 있는 프로그램을 함께 기획하는 것이 좋을 것 같다.

Q : 저희가 계획한 향교 연계 방안에 대해 어떻게 생각하시나요?
A : 향교를 활용하여 문화적 가치를 고양시키는 데 기여한다는 것에 긍정적으로 생각한다. 향교에서 진행하던 프로그램에 더해 주민들과 학생들이 함께 활용 가능한 개선책을 기획해 실시하면 학생들도 다양한 경험을 할 수 있고, 향교 관리자분들도 프로그램을 더 활성화할 수 있어 좋을 듯하다.

→ 학교장(교장 선생님)과의 인터뷰를 참고로 삼아 3개 학교 연계 프로그램이 계획만으로 당장 실현가능한 것이 아니란 것을 깨닫고, '공동 교실'을 세분화시키는 것과 동시에 강서동(주민)이 다함께 참여하고 상부상조할 수 있는 행사를 기획하는 것에 초점을 두고 프로그램을 기획하고자 하였다.

2) ○○동 주민센터와의 인터뷰

Q : 향교를 활용한 문화 행사가 실제로 실현 가능한가요?
A : 여러 협의와 조율을 거쳐야 하겠지만 큰 무리가 없는 이상 충분히 향교에서 교육–문화 행사를 추진할 수 있습니다.

Q : 교육과 향교의 융합 방안으로 문학의 밤 행사, 다독 우리말 캠프, 한자 교육, 야학 등을 추진하려 하는데 강서동 주민들에게도 도움이 될 것이라고 생각하십니까?
A : 다채로운 프로그램을 실제로 추진하여 다양한 경험을 할 수 있게 된다면 주민들에게 도움이 될 것이라고 생각합니다.

Ⅳ. 결론

1. 교동 개발 프로그램 제안

1) 세 학교 연계 프로그램
① 문학의 밤 행사

본 학교 학생만을 대상으로 진행했던 '문학의 밤' 행사를 강서동 주민들, 인근

여자중학교 재학생, 여자고등학교 재학생까지 대상을 확대 추진할 것을 제안한다. 행사의 진행은 여고, 여중, ○○고의 세 학교가 공동 진행하며, ○○동 주민들을 대상으로 문학작품(희곡, 시, 문학)을 각 학교별 선별된 3팀이 문학작품 및 연극을 낭독, 발표하는 마을 축제의 장으로 만든다. 이 행사를 통해 본 팀은 교동마을을 이웃과 따뜻한 정을 나누며 행복공동체를 만들어 나가는 지역사회에 모범이 되는 것에 기여할 것이라고 본다.

② 공동교실

○○고의 공사로 인해 생겨난 빈 교실을 더욱 효율적으로 사용하기 위해 공동교실을 운영할 것을 제안한다. 이는 여중, 여고 재학생을 대상으로 하여 논술수업, 토론수업, 디지털 스토리텔링 수업을 진행하는 것이 그 내용이다. 이를 통해 빈 교실도 효율적으로 이용하고 세 학교 간의 교류도 증진시키고 상부상조하는 것을 목적으로 한다.

2) 향교 연계 프로그램
① 다독 우리말 캠프

교동에서 향교는 오늘날 단순한 전통으로만 인식되고 있다는 문제점을 발견하였다. 제 기능을 다하지 못하고 있는 향교를 어떻게 다시 세울 것인가의 문제에 관해 우리 팀은 향교를 여가를 즐길 수 있는 유교 문화의 공간으로 만들기 위해 '다독 우리말 캠프'를 계획하였다. '다독 우리말 캠프'는 세 학교만의 발전이 아닌, 교동 전체 교육수준 향상이라는 목표로 교동 내 세 학교 재학생뿐 아니라, 강서동 주민들을 대상으로 실시되는 것이다. 다독 우리말 캠프에서는 향교, 춘추원을 거닐면서 고전 문학 투어를 하고 자신의 생각을 서평으로 작성해 낭독 콘서트를 개최한다.

② 야학 (한글 배움터)

○○동의 주민(노인, 외국인 노동자)들 중 한글을 제대로 알지 못하여 일상생활을 하는 데 불편함이 있으신 분들의 어려움을 없애 교동 내 전반적인 문화·교육 수준을 높이고자 야학을 제안한다. 이는 ○○동 주민들을 대상으로 여고와 ○○고의 학생자원자가 한글 봉사자가 되어 한글을 알려드리는 방식으로 진행되며 학생 봉사자에게는 교육시간에 따른 봉사시간이 지급된다.

3) 전인격적 발달

① 독거노인 봉사활동

독거노인 분들이 겪는 심리적 외로움을 조금이나마 해결하고 고독사와 같은 불미스러운 일을 줄이기 위해 독거 노인분들에게 학생들이 방문하여 말벗 되어드리기, 공공기관 동행하기, 청소 및 집안일 도와드리기 등의 봉사활동을 실시할 것을 제안한다. 학생들은 이 과정을 통해 '노인 소외'라는 사회 문제에 대해 깊이 사고하는 계기가 될 수 있으며, 평소 의무적으로 채우던 봉사활동을 유의미한 활동으로 구성할 수 있다.

주민들을 대상으로 실시한 교동 낙후 인식수준 조사결과 낙후된 지역이라는 인식이 과반수를 넘게 차지하였다. 이에 우리는 교동의 교육·문화적 수준을 향상시키기 위한 프로그램을 고안해 설문조사, 인터뷰를 실시하였다. 설문 결과, ○○고 재학생들은 향교연계, 야학, 독거노인 대상 봉사에 대해 긍정적인 의견을 많이 가지고 있었으나, 세 학교를 연계한 프로젝트 수업에는 반대의견이 우세했다. 그래서 우리 팀은 학교·향교 연계와 전인격적 발달을 목적으로 하는 위의 프로그램을 제안하는 바이다.

이러한 연구를 토대로 우리 팀은 교동 전체의 문화적 가치를 고양시키고 전인격적인 발전을 위한 참고 자료로 사용되기를 바란다. 비록 이 프로그램이 단기적으로 실행되기는 어렵다는 한계가 있지만 공식적인 절차를 거쳐 실행된다면 교동의 문화·교육 수준을 향상시킬 것으로 예상하는 바이다.

V. 참고문헌

1. 유교문화체험 프로그램 활성화 방안 연구. 국민대학교 한국학연구소.

2. https://terms.naver.com/entry.nhn?docId=657702&cid=46615&categoryId=46615

3. https://blog.naver.com/miryangsi/221302735742

4. http://www.cnbnews.com/news/article.html?no=394222

★설문조사지★

안녕하세요. 저희는 양산제일고등학교 R&E 팀 'G.D.P.' 입니다. 본 설문은 익명으로 시행되며, 연구 참고용으로만 이용될 것을 약속 드립니다. 소정의 상품이 준비되어 있으니 성의껏 답해주세요! 감사합니다.

현재 교동은 물금읍, 범어리와 같은 농어촌 지역이 아님에도 불구하고, 전국수준에서의 교육과 문화 수준이 낙후되어 있는 상황입니다. 저희 G.D.P.는 이에 교동만의 특색을 살린 문화와 교육 프로그램을 고안하여 교동 전체의 수준 향상 뿐 아니라 전인격적 발전을 도모하고자 합니다.

1. 3개 학교에서 공동 교실을 열어 프로젝트 수업을 진행하는 것에 대해 어떻게 생각하십니까?
① 매우 긍정적이다 ② 긍정적이다 ③ 보통이다 ④ 부정적이다 ⑤ 매우 부정적이다

2. 평소 항교를 방문하거나 항교에서 체험 또는 교육 활동을 해본적이 있으십니까?
① 5번 이상 있다   ② 2~5번 있다 ③ 1번 있다 ④ 한 번도 없다

3. 항교에서 다도, 우리말 토론 캠프를 진행한다면 참가할 의사가 있나요?
① 매우 그렇다 ② 그렇다   ③ 보통이다 ④ 그렇지 않다 ⑤ 매우 그렇지 않다

4. 항교에서 3개 학교가 공동으로 문학의 밤을 개최하는 것을 어떻게 생각하시나요?
① 매우 긍정적이다 ② 긍정적이다   ③ 보통이다 ④ 부정적이다 ⑤ 매우 부정적이다

5. 항교에서 야학을 열어 교동 주민을 대상으로 한 문화 수업을 여는 것에 대해 어떻게 생각하시나요?
① 매우 긍정적이다 ② 긍정적이다   ③ 보통이다 ④ 부정적이다 ⑤ 매우 부정적이다

6. 교동의 독거노인을 대상으로 말벗 되어 드리기 등의 봉사 활동 실시에 대해 어떻게 생각하시나요?
① 매우 긍정적이다 ② 긍정적이다   ③ 보통이다 ④ 부정적이다 ⑤ 매우 부정적이다

선배의 탐구보고서 의미 들여다보기

● 탐구보고서 작성에 참여한 계기

평소 내가 살고 있는 지역에 자부심을 가지고 있었다. 그래서 지역명칭인 '교동-강서동'이 향교가 있기 때문에 붙여진 이름이라는 것을 알고 다른 지역처럼 우리 동네를 부흥시키고 싶었다. 특히 우리 학교가 위치한 교동은 바로 옆에 붙어 있는 농어촌 지역과 비교했을 때 문화적으로 활용할 거리가 많음에도 불구하고 발전이 이루어지지 않아 안타까움을 느꼈다. 또한 평소에 경영에 관심을 가지고 있었는데 지역 경영의 일환으로 이 부분을 적극적으로 논의해 내가 살고 있는 지역에 건의해보고 싶다고 생각했다.

● 탐구보고서 작성 시 맡은 역할과 노력 과정

문제를 해결하기 위해 현 실태를 파악하는 것이 우선이라 생각했다. 설문조사를 통해 우리 지역이 친구들과 동네 주민들에게 어떠한 이미지인지 조사하였다. 학교 선생님들에 그치지 않고 실제 시청 관련자들과 인터뷰 등을 실시하며 실현가능성을 검토해 적용 가능하도록 구성했다. 더 나아가 객관적인 수치를 알아보기 위해 낙후 수준에 대해 인원 수, 기초생활수급 비율 등을 조사하고, 현장조사를 통해 보완해야 할 점을 연구했다. 그뿐만 아니라 다른 향교의 프로그램을 조사하여 실제 적용프로그램을 만들었다.

● 탐구보고서 작성을 통해 배우고 느낀 점

평소 교동-강서동에 대해 자부심을 가지고 있었는데 생각한 것보다 어려움이 많다는 걸 알게 되었다. 대부분의 조사대상자들이 교동이 낙후되어 있다고 느꼈으며, 향교 실태에 대해 충분히 알고 있음에도 불구하고 개선이 이루어지지 않았다. 지역발전 프로그램들을 계획하고 구상하면서 교장선생님과 지역 관계자들의 생각 차이를 느끼며 지역 경영의 실질적 한계를 깨닫게 되었다. 특히 다른 지역의 사례를 조사하면서 학생이 낸 의견이 담당자 한 명과 의논하여 실제로 실행되는 것에도 한계가 있다는 걸 알게 되었다.

◎ 제목 : 특정 의류를 활용한 청소년기 소비 분석

목차

Ⅰ. 서 론

1. 연구의 필요성&목적

중·고등학생들은 신체적 정신적으로 발달 단계에 있으며, 자아가 확장되는 단계로 성인소비자와는 다른 소비 특성을 보인다. 청소년기는 이전 시기에 비해 자유재량으로 쓸 수 있는 돈이 증가하고 자신이 구매 의사를 결정함에 따라 소비자 역할이 확대되는 시기인 반면, 소비 생활에 대한 지식이나 경험이 부족하고, 동료 집단의 영향을 많이 받으며 유행에 민감하기 때문에 소비자로서의 역할은 제대로 수행하지 못하는 시기라 할 수 있다.

따라서 청소년 소비의 특성에 기반을 둔 전국적 유행 또한 끊이지 않는다. 최근에는 롱 패딩 유행이 전국적으로 확대되고 있다. 유행의 중심에 있는 학생으로서 롱 패딩 열풍은 더욱 직접적으로 느껴진다. 길거리에는 롱 패딩을 입은 사람이 몰려다니고, 백화점에는 롱 패딩 구매를 위한 대기시간이 20시간이 넘기도 한다. 등골 브레이커라는 신조어까지 만들며 제 2의 교복으로 급부상하고 있는 롱 패딩. 본 연구진은 롱 패딩 유행 현상을 과거 2011년 노스페이스 패딩 유행의 행보를 잇는 모습으로 적정 수준을 넘은 유행에 문제가 있음을 느끼게 되었다. 나아가 청소년 소비문화의 비합리적인 요소들에 대해 인지하게 되었다.

이에 본 연구진은 이번 연구에서 청소년 소비경향을 분석해보고 이의 부정적 이면에 대해 밝히고자 한다. 또한 해당 연구를 내면화되었던 인식을 전환시키는 계기로 만들어 청소년이 보다 합리적인 소비관을 형성하도록 돕고자 한다.

2. 연구문제

이번 연구에서 2011년의 노스페이스 패딩과 현재 롱 패딩 유행의 원인, 진행 과정에 대하여 조사해보고, 이를 통해 청소년의 대표적 소비 요소인 모방 소비와 과시 소비에 현실적으로 접근해보고자 한다. 나아가 해당 연구를 청소년이 유명브랜드 선호의 내면화에 대해 실제적으로 인식하는 계기로 만들고, 궁극적으로는 제품의 질과 브랜드의 인지도는 관련이 없음을 명확하게 밝힘으로써 현재까지의 청소년 소비행보가 불합리했음을 알리고 이에 대한 대안으로 청소년의 인식을 시키는 것을 목표로 한다.

1. 청소년기의 특징

1) 심리적·정서적 특징

청소년기는 아동기에서 성인기에 이르는 과도기이며, 신체적·정서적·도덕적· 사회적 발달이 활발하게 이루어지는 시기이다. 이 시기는 감수성이 예민하고, 주변 환경의 영향을 많이 받는 것으로 알려져 있다. 청소년은 미래의 주인공으로서 바르고 건전하게 성장해야 한다. 그런데 청소년 시기는 자기 정체성에 대하여 혼란을 느끼는 경우가 많고 정신적으로 불안정하기 쉬운 시기이다. 왜냐하면, 부모의 보호에서 벗어나고 싶어 하면서도 아직 성인의 권리와 의무를 완전히 가지지도 않고 불분명한 중간적인 시기이기 때문이다. 청소년 시기는 방황의 시기이기도 하다. 그것은 자신이 가지고 있는 희망과 현실 사이에서 오는 괴리감과 자신과 주변 환경과의 조화를 이루지 못하는 경우가 많기 때문이다.

2) 사회적 특징

① 또래집단

청소년기가 되면 관심이나 흥미가 가족이나 부모로부터 또래집단으로 전환되는데, 그것은 사회성의 발달과 함께 새로운 우정에 대한 욕구가 생기고 그 과정에서 친구에게 더욱 의지하게 되기도 한다. 또래집단은 한 개인의 행동규범을 정하고 성격 형성과 사회성 발달에 영향을 미치는 준거집단의 역할도 담당한다. 급격한 변화를 겪게 되는 청소년은 친구로부터 지지나 신뢰감을 크게 필요로 하며 친구의 끊임없는 송환효과는 청소년이 자아정체감을 발달시키고 안정된 역할을 수행할 수 있도록 도와준다. 그렇기 때문에 친구관계가 잘못되는 경우에는 정체의식의 위기와 비행이 일어나기도 하며, 자신이 어떤 집단에 속해 있느냐에 따라 장래가 달라질 수도 있다.

구성원들의 옷 입는 스타일이나 외모, 학교 성적, 취미활동, 가정의 경제수준, 평판 및 성격에 따라 그 집단의 특성이 이러한 여러 측면의 요인들에 의해 다양하게 드러난다. 한 학급만 보더라도 제각각의 특성을 보이는 다수의 또래집단이 존재한다. 청소년들은 자신이 속한 또래집단의 특성에 따라 학교생활은 물론 다른 사회화의 경험을 하게 된다.

② 동조

개인이 특정 집단에 소속되는 방식 중 하나는 그 집단의 다른 구성원들과 같아지는 것이다. 여기에는 그들만의 은어를 사용하거나, 특정 의복을 입는 것 등이 포함된다. 한 가지 유행이 생기면, 그 집단에 있는 다수의 사람들이 그것을 채택한다. 이것에서 벗어나는 사람들은 집단에서 배제되기도 한다. 청소년 초기는 동조하는 경향이 특별히 강한 시기이다. 한 논문에서는 다른 사람들의 행동이 청소년이 자신을 정의하는 데 필요한 정보를 찾는 중요한 출처가 된다고 하였다.(참고문헌 참조)

2. 청소년의 의복 소비 행태

1) 모방 소비
① 편승효과

모방 소비의 근본적 원인이 되는 편승효과는 어떤 선택이 대중적으로 유행하고 있다는 정보로 인하여, 그 선택에 더욱 힘을 실어주게 되는 효과를 말한다. 이러한 효과로 인하여 다른 사람들을 따라 사게 되는 모방 소비가 나타나게 된다. 요즘 소비의 형태는 이와 마찬가지인 모방 소비로 사람들이 멍청한 소비자가 되는 현상이 비일비재하게 일어나고 있다.

예를 들어 드라마나 영화 속 수많은 협찬기업을 들 수 있다. 사람들에게 익숙하거나 유명한 사람이 나와 협찬 제품을 입거나 광고를 하면 평소 우리가 거들떠보지도 않던 상품이 하루아침에 품절이 되는 등 인기를 끄는 일이 생기기도 한다. 이렇게 인기를 끌게 되면 사람들은 편승효과를 통해 그와 똑같은 물건을 사기 시작한다. 이것이 바로 사람들의 모방효과에 의한 기이한 현상들이다. 우리가 이렇게 모방효과를 겪게 되는 이유는 단순히 반복적으로 엄마의 입모양을 보면서 자연스럽게 언어를 습득하는 어린아이의 학습효과와 원리가 비슷하다고 이야기할 수 있다. 즉, '유명연예인도 이것을 썼으니 나도 한번 따라 사볼까'라는 무의식적 영향을 끼친다는 것이다. 또한 '친한 친구가 가지고 있는 것은 나도 있어야 한다.'는 심리가 바로 그것이다.

이러한 이유를 토대로 모방심리는 갑작스럽고 폭발적인 유행을 창조하는 데 핵심적인 역할을 하게 된다. 특히 유행에 가장 민감하게 반응하고 10대 소비자의 주축이자 10대 소비문화와 형성의 중심에 서있는 청소년들은 단지 자신들이 우상으로 생각하는 집단을 보고 그들의 행동과 상품을 모방함으로써 손쉽게 유행으로 이어지며 편승효과가 일어나게 된다. 또한 유행이 빠르게 전이되는 이유는 또래집단의 구성원이라는 동질감을 보여주는 느낌을 받으며 모방 소비를 하게 되기 때문이다. 즉, 친한 친구가 하는 것을 보고 모방하며, 그들이 아닌 '우리'라는 동질감을 갖게 된다는 것이다.

② 동조 소비

다른 사람과의 동일시 기제나 준거 집단에 소외되지 않으려는 소속 욕구로 인하여 다른 사람의 영향을 받아 수동적으로 선택하는 소비 행동

2) 과시 소비

과시적 소비의 사전적 정의는 부를 과시하는 것을 의식하면서 행하는 소비를 말한다. 이 개념의 근본이 되는 베블런 효과는 경제학자 베블런이 "상층계급의 두드러진 소비는 사회적 지위를 과시하기 위하여 자각 없이 행해진다"는 것이라고 말한 데서 유래하였다. 그런데 이러한 계급층을 따지며 자신의 위치를 드러내려 하는 상류층 사람들은 자신의 성공을 과시하고, 허영심을 만족시키기 위해 사치를 한다고 말할 수 있는 것이다.

즉, 베블런효과는 상류층 소비자들에 의해 이루어지는 소비 행태로, 가격이 오르는 데도 수요가 줄어들지 않고, 오히려 증가하는 현상을 말한다. 예를 들어 값비싼 귀금속류나 고가의 가전제품, 고급 자동차 등은 경제상황이 악화되어도 수요가 줄어들지 않는 경향이 있다. 이는 꼭 필요해서 구입하는 경우도 있지만, 단지 자신의 부를 과시하거나 허영심을 채우기 위해 구입하는 사람들이 많기 때문이다.

또한 이러한 베블런효과로 인한 과시적 소비는 남들이 구입하기 어려운 값비싼 상품을 오히려 더 소비하고 사고 싶어 하는 속물효과와도 비슷하다고 이야기할 수 있다. 이러한 과시 소비도 10대인 청소년에서 많이 나타나는데 서로 동질감을 느끼는 모방 소비와 반대로 '내가 이 아이들보다 더 비싼 옷을 입어. 난 더 잘 살아'라는 심리에 의하여 나타나게 되는데 동질감을 느끼기보다는 자신이 더 우월하다는 마음을 통하여 나타나게 된다.

예를 들어 같은 제품이 있더라도 품질보다도 값비싼 브랜드 제품을 선택하여 그 브랜드가 가지고 있는 사회적 위치를 구입함으로써 자신의 사회적 위치도 상승한다고 생각하게 되는 것이다. 이러한 과시 소비로 인하여 일명 '등골브레이커족'이라는 말이 생길 정도로 도를 지나친 과시 소비형태가 많이 나타나고 있는 현실이다.

Ⅲ. 연구과정

1. 자료조사

1) 노스페이스 패딩 유행으로 알아보는 청소년 계급화

노스페이스 패딩이 유행할 당시 대두되었던 청소년 계급화에 대한 선행 연구 자료에 대해 조사하던 중 노스페이스 패딩의 유행으로 인해 발생한 학교폭력 및 갈취 등의 청소년 문제에 대한 기사를 접할 수 있었다.

서울에서 노스페이스 패딩 중에서도 고가 제품인 70~80만 원대의 빨간색 히말라야만 주로 뺏는 10대들을 입건한 사건 ("노스페이스 점퍼 벗어")
부산에서 노스페이스 점퍼를 빼앗은 혐의로 10대들 불구속 입건 (부산 경찰 노스페이스 갈취한 10대 두 명 영장)
강원도에서 노스페이스 점퍼와 현금을 빼앗은 혐의로 10대 불구속 입건
인천 청소년 '노획단' 불구속 입건 ("노스페이스 점퍼만 빼앗는 패거리들")

본 연구진은 여러 기사들을 통해 비싼 노스페이스 점퍼를 빼앗거나 구매를 위해 현금을 갈취하는 등의 부적절한 행위를 접하게 되었다. 이러한 기사들은 공통적으로 사건의 원인에 노스페이스를 입지 않으면 왕따를 당한다는 현실이 있다는 사실을 지적하고 있었다. 이와 같이 노스페이스 패딩의 경우 가격에 따라 청소년 내에서 계급이 나누어지고 있었다. 즉, 브랜드 안에서 제품의 가격 차이가 계급으로 나뉘고, 이는 어떤 계급의 제품을 구매하여 착용하느냐에 따라 또래 집단 내의 서열이 매겨지는 구조인 것이다.

– 노스페이스 패딩에 따른 계급

	제품명 : 눕시 2		제품명 : 눕시1		제품명 : 노스페이스 800
	가격 : 20만 원대		가격 : 25만 원대		가격 : 30만 원대
	계급 : 찌질이		계급 : 일반		계급 : 중상위권
	제품명 : 드라이 로프트		제품명 : 에베레스트 다운 파카		제품명 : 히말라야
	가격 : 50만 원대		가격 : 60만 원대		가격 : 70만 원대
	계급 : 양아치		계급 : 있는집 날라리		계급 : 대장

– 노스페이스 유행의 규범적 동조

규범적 동조란 집단의 사회적 기준과 일치하는 방식으로 느끼고 생각하고 행동하도록 하는 것이다. 결론적으로 이러한 규범적 동조와 노스페이스 패딩의 가격을 척도로 한 청소년 계급화의 내면화로 인해 학생이 왕따당하지 않기 위해서 패딩을 사게 되는 극단적 유행현상이 발생하게 된 것이다. 이는 결국 청소년의 동조 소비와 더불어 자신의 계급을 과시하기 위한 과시 소비로도 이어져 있다.

2. 롱 패딩 유행에 대한 설문조사

1) 연구대상

○○고등학교 재학생 1·2학년 590명 중 누락 74명을 제외한 514명

2) 연구목적

교내의 롱 패딩 소지 학생의 비율을 알아보고, 나아가 롱 패딩을 구매한 이유를 알아보는 이번 설문조사의 목적이다.

3) 실험내용

설문조사지

Q : 소지하고 있는 롱 패딩의 개수는 몇 개입니까?
　　1. 없다
　　2. 1개
　　3. 2개
　　4. 3개 이상

Q : 롱 패딩을 구매한 이유는 무엇입니까? (1번 항목에서 1개 이상 답변하신 분만)
　　1. 롱 패딩이 따뜻해서
　　2. 주위사람들이 입은 모습이 예뻐 보여서
　　3. 유행에 뒤처지지 않기 위해서
　　4. 원래 가지고 있던 패딩이 유행에 맞지 않아서

설문조사 결과

〈1번 항목〉

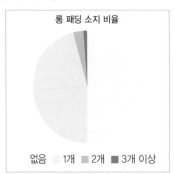

〈2번 항목〉

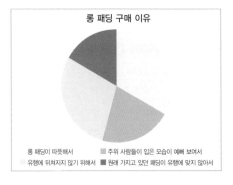

4) 실험방법

① 연구대상

유명 브랜드 롱 패딩과 노브랜드(이름 없는 브랜드) 롱 패딩의 성능 차이

② 연구목적

고가의 브랜드 패딩과 저가의 보세 패딩을 같은 온도와 같은 시간 내에 체온 유지 기능을 관찰하고 각각의 패딩 가격에 따라 보온 역할에 차이가 있는지 알아보는 것이 이번 실험의 목표이자 목적이다.

③ 실험내용

– **실험 준비물 :**

유명 브랜드 패딩, 저가 패딩, 체온계, 온도계, 타이머, 사람, 10 °이하의 장소

– **실험 장소 :**

OO 아이스링크장

실내 온도 5℃ OO 아이스링크장

– **실험 방법 :**

① 두 사람이 각각의 체온을 잰다.

② 10°이하의 장소에서 두 사람이 각각 유명 브랜드 패딩과 저가 패딩을 입는다.(두 사람의 체온은 36°~ 36.5°임)

 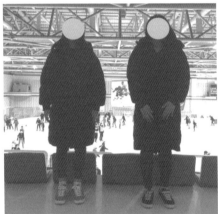

③ 30분 동안 체온의 변화를 관찰 한다. (15분 간격으로 중간 변화 측정)

③ 실험 결과

〈 유명 브랜드 패딩- 뉴*란스 〉 36.1 ⇒ 34.0 (30분 후)

〈 저가 보세 패딩 〉 36.5 ⇒ 34.6 (30분 후)

　실험 결과 놀랍게도 2.1도와 1.9도로 유명 브랜드의 롱 패딩보다 노브랜드 롱 패딩이 더욱 성능이 좋다는 결과가 나왔다.

Ⅳ. 결론

　해당 연구 결과 청소년의 소비문화에는 많은 불합리적 요소들이 드러났다. 이번 연구가 청소년의 유명브랜드 선호 경향이나 동조·과시 소비와 같은 부정적 측면에 대해 제대로 인식하게 되고, 나아가 이 모든 것이 인식의 문제일 뿐임을 깨닫고 보다 합리적인 소비관을 형성할 수 있는 계기가 되기를 바란다.

Ⅴ. 참고문헌

https://ko.wikipedia.org/wiki/%ED%8E%B8%EC%8A%B9_%ED%9A%A8%E
A%B3%BC

선배의 탐구보고서 의미 들여다보기

● 탐구보고서 작성에 참여한 계기

인터넷 사이트에서 "한국의 4계절이 뚜렷해 에어컨과 난방기를 동시에 가지고 있어야 한다."라는 글을 읽게 되었다. 그래서 우리나라 학생들이 학교에서 공부하면서 더위와 추위로 인해 겪었던 어려움을 생각해보았다. 그러다가 겨울이 되면 추위로 인해 많은 친구들이 롱 패딩을 입고 오는 모습이 생각났고, 과거 노스페이스 사회 논란이 불현듯 떠올랐다. 과연 노스페이스 패딩이 다른 패딩과 비교했을 때 그만한 가치가 있는지 궁금했다. 또한 청소년들의 모방심리가 주된 이유인 것 같아 탐구보고서를 작성하게 되었다.

● 탐구보고서 작성 시 맡은 역할과 노력 과정

이론적 배경을 위해 청소년기의 특징과 실제 노스페이스 패딩의 종류와 가격대를 조사했고, 설문조사와 아이스링크장 현장 조사를 통해 연구했다. 아이스링크장을 선택한 이유는 롱 패딩 자체가 추위를 막기 위해 입게 되는 것인데 확실히 온도가 낮은 장소라서 선택하게 되었다. 또 개개인의 차이로 인한 온도차를 막기 위해 30분이라는 충분한 시간을 착용하고 중간에 15분마다 변화를 측정했다. 조사 결과를 친구들과 공유하여 내가 전하려고 한 메시지를 전달하려고 노력했다.

● 탐구보고서 작성을 통해 배우고 느낀 점

조사 결과 일반 패딩과 노스페이스 패딩은 큰 차이가 없었다. 오히려 일반 브랜드의 패딩의 보온효과가 더 크게 나타났으며 노스페이스를 입는 이유가 다른 것임을 예상할 수 있었다. 아쉬운 점은 좀 더 조사의 개체수를 많이 하였다면 보다 정확성을 높일 수 있을 것이라고 생각했다. 현재 노스페이스는 등골 브레이커라는 별명을 얻으며 오히려 거부감을 가지는 브랜드이기도 하다.

조사하며 알게 된 것은 노스페이스에서 다양한 브랜드를 생산하고 있고 이러한 이미지 상승과 하락을 경영에 활용하고 있었다는 점이다. 경영적 측면에서 상품의 효율성뿐만 아니라 이미지 전략이 중요하며 소비자로서 가져야 할 자세와 경영자로서 생각해야 할 부분에 대해 알게 되었다.

◎ 제목 : 빅데이터 분석을 활용한 경영 전략(프로듀스 X를 통한 타켓 마케팅에 관하여)

초록

최근 기업이 빅데이터를 사용하여 경영 전략을 세우고 있으며, 빅데이터가 적용된 분야 중 텍스트 마이닝이 각광받고 있다. 이에 본 팀은 직접 빅데이터 분석 시스템인 텍스톰을 활용하여 이슈 프로그램 '프로듀스X'와 관련된 데이터를 수집하여 프로그램의 최종 선별자 11인을 예측하고, 각각의 연령별 선호도를 바탕으로 소비자의 성향을 분석한다. 또한 타겟형 마켓팅 전략을 수립하고, 선호하는 아이돌과 관련된 캐릭터 상품을 제작하여 팬덤 문화를 형성하고, 현장 투표만 하던 문제점을 개선하여 더 많은 사람들이 참여할 수 있도록 투표 시간을 길게 가져 지속적으로 프로듀스 프로그램을 좋아할 수 있도록 유도하여 다른 프로그램에 비해 크게 성공한 것으로 여겨진다. 이처럼 하나의 프로그램을 성공시키고 지속시키기 위해서는 다양한 분석을 바탕으로 한 마케팅 전략이 필요하다는 것을 알게 되었다.

Ⅰ. 서론

최근 기업이 빅데이터를 사용하여 경영 전략을 세우고 있으며, 빅데이터가 적용된 분야 중 텍스트 마이닝이 각광받고 있다. 이에 본 팀은 직접 빅데이터 분석 시스템인 텍스톰을 활용하여 이슈 프로그램 '프로듀스X'와 관련된 데이터를 수집하여 프로그램의 최종 선별자 11인을 예측해보고자 한다. 이후 각각의 연령별, 지역별 선호도를 바탕으로 타겟형 마켓팅 전략을 수립하고자 한다.

현대의 데이터 분석은 단순히 현상에 나온 결과를 분석하는 것에서부터 미래의 예측까지도 포함한다. 따라서 '빅데이터 분석'은 다양한 종류로 이루어진 많은 양의 데이터 속에서 숨겨진 패턴이나 알려지지 않은 유용한 정보들을 찾아내기 위하여 데이터를 살펴보는 프로세스로서, 데이터 수집, 저장·관리, 처리, 분석 및 표현(시각화)의 순환 과정을 거치게 된다.

〈 빅데이터 분석 과정 〉

1. 빅데이터 분석 기획

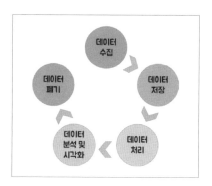

1) 빅데이터 분석 기획

의사결정을 위한 분석기회를 발굴하고 요구사항을 구체화하여 필요한 분석과 데이터를 정의하는 과정을 거쳐야 한다.

2) 빅데이터 분석 계획

목표 달성을 위한 구체적 방안의 모색 과정에서는 목표를 명확히 정의하고, 필요한 데이터와 기술적 요구사항을 파악하여 수행예산 및 프로젝트 관리 계획을 수립하는 과정이 필요하다.

3) 빅데이터 분석

통계, 정형 데이터 마이닝, 비정형 데이터 마이닝, 데이터 시각화, 데이터 연계 작업이 필요하다.

2. 빅데이터 기획 단계

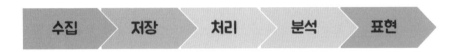

1단계 : 빅데이터 수집

출처 : 텍스톰(http://www.textom.co.kr/home/main/main.php)

　빅데이터는 내부 조직에 있는 정형화된 데이터뿐만 아니라 조직 외부에 존재하는 무한한 데이터 중에서 조직이 필요로 하는 데이터를 발견하여 이를 수집하고 수집된 정보 분석을 위한 특정 데이터 형식으로 변환하는 과정을 거쳐야 한다.

2단계 : 빅데이터 저장

　빅데이터 저장이란 검색·수집한 데이터를 분석하여 사용하기에 적합한 방식으로 안전하게 영구적인 방법으로 보관하는 것으로, 다양한 형식의 대용량 데이터를 고성능으로 저장하고 필요한 경우 데이터를 검색하여 수정, 삭제 또는 원하는 내용을 읽어오는 방법을 제공하는 것을 포함한다.

〈 텍스톰 데이터 정제 · 형태소 분석 〉

출처 : 텍스톰(http://www.textom.co.kr/home/main/main.php)

빅데이터 전처리는 활용목적에 맞지 않는 정보를 필터링으로 제거하여 저장 공간을 효율적으로 활용하도록 도와준다. 이때 비정형 데이터의 경우에는 데이터마이닝을 통해 오류나 중복을 제거하여 저품질 데이터를 개선하고 처리하는 과정을 의미한다. 빅데이터 후처리에서의 데이터 변환은 수집된 데이터를 분석에 용이하도록 일관성 있는 형식으로 변환하는 것을 의미하며 평활화, 집계, 일반화, 정규화, 속성 생성 등의 과정을 거치게 된다.

※ 데이터마이닝의 정의 : 데이터베이스, 데이터웨어하우스, 데이터마트 등 자료 저장소에 저장되어 있는 방대한 양의 데이터로부터 의사결정에 도움이 되는 유용한 정보를 추출하는 일련의 방법이다.

3단계 : 빅데이터 처리
대용량 데이터를 처리할 때는 장기적·전략적으로 진행하고, 때에 따라 일회적인 데이터 거래를 처리하거나 행동 분석을 지원할 수도 있어야 한다. 그리고 다양한 데이터 소스, 복잡한 로직, 대용량 데이터와 같은 매우 복잡한 데이터 처리·분산 처리 기술이 필요하기도 하다.

〈 프로듀스X 언급 빈도표 〉

언급량	WORD
1	김요한
2	김우석
3	김민규
4	송형준
5	이진혁
6	구정모
7	남도현
8	손동표
9	이은상
10	송유빈
11	한승우

	WORD	TF	TF-IDF		WORD	TF	TF-IDF
1	김요한	3326	6916.22	14	강현수	398	1622.86
2	김우석	2051	4722.60	15	이진우	362	1430.35
3	김민규	1587	4070.57	16	김현빈	335	1413.54
4	송형준	1097	3286.32	17	최병찬	326	1448.30
5	이진혁	961	3013.21	18	함원진	284	1198.34
6	구정모	878	3015.04	19	김국현	259	1114.75
7	남도현	840	2736.80	20	이세진	247	1132.49
8	손동표	774	2491.41	21	차준호	230	986.81
9	이은상	707	2355.87	22	김시훈	197	905.24
10	송유빈	703	2436.41	23	강민희	190	880.60
11	한승우	671	2458.25	24	금동현	187	893.70
12	조승연	657	2372.37	25	최수환	134	667.54
13	박선호	495	1884.30				

출처 : 텍스톰(http://www.textom.co.kr/home/main/main.php)

※ 빅데이터 일괄처리를 위한 대표적인 기술로는 하둡의 맵 리듀스, 마이크로소프트의 드라이애드, 아파치 피그, 아파치 하이브 등이 있다.

4단계 : 빅데이터 분석 기술

1) 텍스트 마이닝(Text Mining)

2) 데이터 마이닝(Data Mining)

3) 감성 분석(Sentiment Analysis)

4) 소셜 네트워크 분석(Social Network Analysis)

5) 오피니언 마이닝(Opinion Mining)

6) 리얼리티 마이닝(Reality Mining)

7) 데이터 시각화(Data Visualization)

- 시각화 과정은 획득, 구문 분석, 정제, 패턴 발견, 표현, 개선, 참여의 단계로 나누어 설명할 수 있다.

〈 텍스트 마이닝 – 프로듀스X 〉

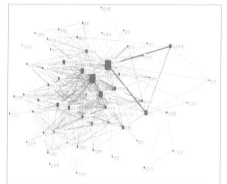 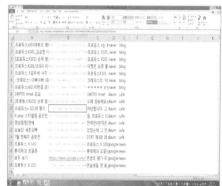

출처 : 텍스톰(http://www.textom.co.kr/home/main/main.php)

〈 데이터 시각화 – 프로듀스X 〉

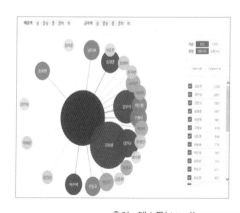 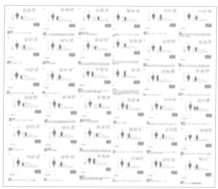

출처 : 텍스톰(http://www.textom.co.kr/home/main/main.php)

III. 결론

1. 빅데이터를 활용한 '프로듀스X'의 최종 11인 선정 결과

청소년들에게 가장 인기가 많은 프로그램 '프로듀스X'의 최종 11인을 알기 위해 SNS 언급빈도 수 데이터를 분석한 결과 최초 촬영 이후 언급 빈도 수가 많은 출연자는 '김요한, 김우석, 김민규, 송형준' 순으로 이어짐을 알게 되었다. 또한 이를 실제 인기순위와 비교한 결과 매체 언급양이 높을수록 실제 순위가 높게 배정되는 정비례 관계를 확인할 수 있어 빅데이터 분석결과가 유의미함을 확인할 수 있었다. 빅데이터 분석 기법의 일종인 텍스트마이닝·데이터마이닝·데이터 시각화를 통해 도출된 예상 최종 선별인원 11명을 선정하게 되었다.

프로듀스X의 선호 연령층을 네이버캐스트를 통해 분석해보았을 때 10대 여성이 약 32%로 가장 높은 선호도를 보이고 있으며 20대 여성(27%), 30대 여성(19%)로 뒤를 이었다. 이를 통해 남자 아이돌 프로그램 특성상 남성보다 여성이 프로그램에 더욱 높은 관심을 보임을 알 수 있었다.

2. 분석결과를 바탕으로 타켓 마케팅 전략

타 프로그램에 비해 상대적으로 10대, 20대 위주의 낮은 연령층에 선호도가 집중되어 있음을 알 수 있었다. 경영학적 관점에서 기업(Mnet)이 최대 이윤을 얻을 수 있는 방법을 파악하고자 하였다. 기존에 아이돌을 대상으로 한 연구 결과를 참조하여 진행되었으며, 이를 토대로 직접 텍스톰(Bigdata analysis solution) 프로그램을 활용하여 마케팅 전략을 도출하였다.

첫째, 키워드 마케팅으로 예측한 11인(김요한, 김우석 등)을 중심으로 소비자

성향을 조사하여 캐릭터 상품을 개발하여 팬덤문화를 조성할 수 있도록 하여 시청자 또는 팬 등이 인터넷 검색을 통해 '프로듀스X'와 관련된 글에 더 많이 노출되도록 하였다는 것을 알게 되었다.

둘째, 서바이벌 프로그램으로 자신이 선호하는 아이돌이 탈락하지 않도록 강한 결속력을 유지하도록 하였다. 또한 자신이 선택한 아이돌의 꿈이 이루어지도록 돕는 기획사의 일원이라는 인식을 심어주었다.

셋째, 시청자 투표의 문제점을 개선하여 현재 투표만이 아닌 지속적인 관심을 유발할 수 있도록 투표할 수 있는 방법을 적용하여 참여율을 높였다.

Ⅳ. 참고문헌

1. K팝의 성공요인과 기업의 활용전략. 섬성경제연구소. 서민수

2. 아이돌 서바이벌 프로그램 〈프로듀스101〉과 〈소년24〉의 빛과 그늘. 방송트렌드&인사이트. 김윤하

3. 프로듀스101. 국민 프로듀스님, 잘 부탁드립니다. 방송트렌드&인사이트. 김윤하

4. 텍스톰 : http://www.textom.co.kr/home/main/main.php

🔍 선배의 탐구보고서 의미 들여다보기

● 탐구보고서 작성에 참여한 계기

평소 4차 산업혁명에 관심이 많아 4차 산업혁명의 주요 요소에 대한 TED 강연을 보던 중 '빅데이터 기술을 경영에 접목시키면 어떻게 될까.'라는 궁금증이

생겼다. 이후 깊이 알아보고자 K-Mooc에서 '빅데이터를 이용한 경영'이라는 강의를 수강하였고. 기업이 빅데이터를 이용한 텍스트마이닝 기법을 활용하여 경영 전략을 세우고 있다는 사실을 알게 되었다. 그러자 당시 이슈가 되었던 프로듀스X와 같은 프로그램도 일종의 경영이고, 이를 빅데이터의 원리로 분석할 수 있겠다는 생각이 들었다. 이에 직접 빅데이터 분석 시스템인 텍스톰을 활용한 연구를 시작하게 되었다.

● 탐구보고서 작성 시 맡은 역할과 노력 과정

텍스톰을 활용하여 '프로듀스X'와 관련된 데이터를 수집하고 분석하는 역할을 맡았다. 프로그램과 관련된 데이터를 수집하고, 데이터 시각화·텍스트화와 같은 다양한 방법을 통해 도출된 데이터를 시각적으로 분석해 프로그램의 최종 선별자 11인을 예측하고자 하였다. 처음에는 텍스톰으로 출연자별 소셜 미디어 언급 빈도 데이터를 수집하고, 텍스트마이닝과 데이터 시각화 기법을 활용하여 도출된 데이터를 시각적으로 변형시켜 이해하고자 하였다.

연구를 시작한 뒤, 최근 생성된 데이터를 수집하는 과정에서는 데이터의 관련성과 정확성을 확인하고 분류하는 것이 가능했다. 그러나 과거 데이터를 전부 수집하는 과정에서 감당하지 못할 만큼의 방대한 데이터의 양에 한계를 느끼고, 데이터에 대한 2차, 3차 검사를 하기 어려운 상황이 되었다. 이를 극복하고자 데이터의 오차가능성을 예측하고, 이를 감안하여 프로그램의 최종 선별자를 예측하고자 하였다.

● 탐구보고서 작성을 통해 배우고 느낀 점

하나의 연구를 완성하기 위해서는 예상보다 훨씬 많은 정보와 환경, 노력이 필요하다고 느꼈다. 프로그램에 대해 최대한 많은 데이터를 수집하고자 노력했지만, 미디어와 맞닿은 프로그램의 특성상 특히 1인 미디어, 블로그, 플랫폼과 같은 개인미디어에 정보가 밀집되어 있고 데이터의 양이 방대하였다. 이에 연구를 진행하면서 환경적·기기적·시간적 한계를 느끼게 되었다.

또한 이와 같은 한계로 인해 연구 결과에 조금의 아쉬움이 남았고, 이후 이 주제에 대해 발전된 조건에서 다시 한 번 연구를 진행하고, 연구 과정에서 부족했던 부분을 찾아가고 싶다는 생각을 하였다. 어떤 연구든 완벽할 수는 없다. 연구에는 개인적인 주관, 부족한 정보, 결과의 편향과 같은 오류가 존재하고, 이를 보완해나가며 계속해서 발전적인 연구를 진행하고 싶다.

제목 : 최저시급 인상에 따른 고용률 변화 : 미분그래프를 활용한 한계효용을 이용하여

목차

Ⅰ. 서론

2018년의 최저시급은 7530원. 전년도 6470원에 비해 약 16.3% 정도가 인상되었다. 2019년에는 2018년 대비 10.9% 인상된 8350원이 결정되었다. 최저임금제는 근로자에게 그 아래로 지급하여서는 안 된다고 정한 임금의 액수이다. 즉, 삶을 유지하는 데 최소로 필요하다고 판단한 금액이 바로 최저임금이라는 것이다. 매년 물가가 상승하고, 그에 따른 수당 등도 같이 오르게 되어 전체 임금인상으로 이루어지게 된다.

그런데 여기서, 한 가지 의문점이 생긴다. '최저임금이 인상되면 좋은 점만 있는가.'라는 것이다. 최저임금 인상으로 인한 인력 감축, 무인판매기의 등장으로 인한 최저시급 인상의 의미가 줄어들게 되고, 사업자와 노동자들의 갈등 등 다

양한 사회적 문제를 야기할 것이다. 과연 최저임금 인상이 삶의 질 개선에 긍정적인 효과를 가져다주는지 궁금했다.

그래서 한계효용의 법칙을 활용하여 최저시급 인상에 따른 사회변화를 한계효용의 법칙 그래프로 알아보고자 한다. 이를 통해 최저시급 인상에 따른 사회적인 현상이 경제적인 측면의 측정을 통해 분석이 가능하고 충분한 해결방안을 마련할 수 있을지 알아보고자 한다.

II. 본론

1. 한계효용의 법칙

분석에 앞서 한계효용의 법칙에 대해 다시 한 번 서술한다. 경제적인 정의로 보았을 때 한계효용이란 어떤 재의 소비량의 추가단위 분 혹은 증분으로부터 얻는 효용을 뜻한다. 이해하기 쉬운 설명을 위해 아래 그림을 제시한다.

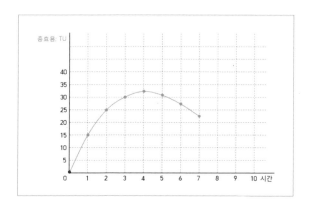

예를 들어 A라는 사람이 운동을 한다고 가정을 하자. A가 운동을 하지 않았

을 때 효용은 0이다. 운동을 시작하면서 효용이 점점 늘어나다가 4시간째 운동을 했을 때 효용이 정점을 찍는다. 4시간 이후로 계속 운동을 하면 오히려 효용이 감소하게 된다. 결국 이 그래프를 통하여 운동을 하는 것은 좋으나 너무 많이 할 경우에는 오히려 지치고 부상의 위험이 있다는 것을 예측할 수 있으며 A는 4시간 정도를 운동을 하였을 때 최대 효용을 뽑아낼 수 있다는 점을 알 수 있다. 한계효용을 수학적으로 표현한다면 다음과 같이 나타낼 수 있다.

$$MU = \frac{\Delta TU}{\Delta Q}$$

여기서 MU는 한계효용, TU는 총효용, Q는 단위량을 나타낸다. 즉 단위량은 그래프의 x축을, 총효용은 그래프의 y축을 나타내고 두 축 위에 나타난 그래프를 미분한 것이 곧 한계효용이 된다는 말이다.

이번에는 미분을 통한 그래프 분석을 해보자.

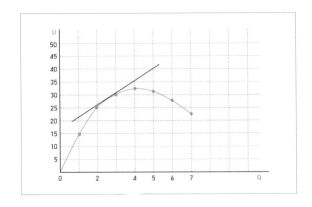

미분을 하여 나타낸 직선의 기울기가 곧 한계효용이 된다. 0시간에서 4시간

사이에선 직선의 기울기가 양수이므로 최대효용을 내기 위해서는 A는 운동을
더해야 한다.

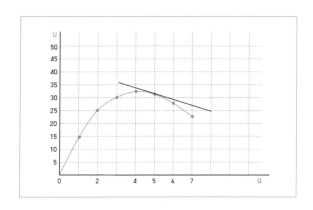

반대로 4시간 이후로는 직선의 기울기가 음수를 나타내므로 운동을 너무 많
이 한 셈이다.

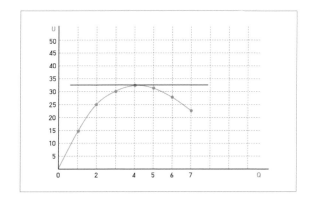

4시간에는 직선의 기울기가 0이다. 즉 효용이 극대화되었다는 뜻이다. 직선
의 기울기가 0이 되었을 때 최대의 효용을 나타내며 이 이후로는 효용이 감소하

게 된다는 것을 알 수 있다. 만약 이 설명마저도 이해가 가지 않는다면 일상생활을 떠올려보자. 물을 마신다고 생각하면 쉽다. 목이 마를 때 물을 한 컵 마시면 괜찮아지기는 하지만 아직 목이 마르다. 두 컵 마시면 그전보단 괜찮지만 아직 약간 목마름이 남아있다. 세 컵을 마시게 되면 목마름이 사라진다. 이 상태가 효용, 즉 직선의 기울기가 0이 된 상태이다.(효용이 극대화된 상태이다) 이 이후로는 계속 물을 마시는 행위는 오히려 거부감을 느끼기 시작한다. 왜냐하면 이미 효용이 극대화가 된 상태이기 때문에 더 이상 필요하지 않은 행위를 하기 때문이다.

이러한 한계효용의 법칙과 최저시급 인상은 어떤 점이 유사한지를 알아보자.

2. 한계효용과 최저시급 인상

앞의 Ⅱ.1 항목에서 서술한 바와 같이 그래프를 이용하여 최저시급 인상에 대한 분석을 한다. 먼저 연도에 따른 최저시급의 비교를 그래프를 통해 분석해본다.(한계효용 그래프가 아님을 밝힘)

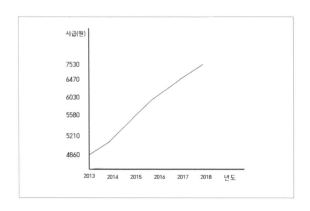

위 그래프에서는 2013년부터 2018년까지 최저시급이 계속해서 상승하고 있음을 나타낸다. 그렇다면 최저시급 인상에 대한 사회적인 분위기는 어떠한가. 최저임금이 늘어남에 따라 고용주들은 자연스레 직원들을 줄이거나, 혹은 고용 횟수를 줄이기 마련이다. 최근에는 키오스크(KIOSK, 무인 정보단말기)의 사용이 증가하는 추세로 사소한 것 하나하나가 자동 시스템으로 바뀌고 있다.

그렇다면 이번엔 최저시급에 따른 고용횟수를 수요공급 그래프를 통해 알아보자.

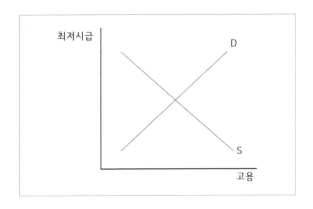

D는 수요, S는 공급을 나타내며 D가 곧 노동자, 즉 일자리를 구하는 사람이며 S가 고용주가 된다. 최저시급의 수치가 높을수록 노동자들은 고용에 대한 수요가 많아진다. 하지만 최저시급이 높아질수록 고용주들에게는 불리하게 작용되어 최저시급이 클수록 고용횟수가 작아진다. 결국 최저시급의 상승으로 인한 노동자와 고용주의 입장은 서로 상반되어 갈 수밖에 없는 것이다.

그렇다면 하나의 가정을 해보자. 고용이라는 자체만을 보기보단 현재에 고용되어 있는 노동자가 있을 때를 살펴보자. 이 노동자가 직업을 그만두거나 해고당하는 일이 없다고 가정할 때, 고용주가 노동자에게 행하는 태도는 어떠할까.

일단 기업뿐만 아니라 고용주, 가게 주인 등에게는 무엇보다도 우선순위는 이윤을 남기는 것이다. 이윤이 그대로이고 직원들의 최저임금이 인상되었다고 하면 고용주들 입장에서는 큰 타격이 될 수밖에 없다. 특히 편의점이나 일용직을 이용하는 업체 같은 곳에서는 최저시급을 기준으로 임금을 지급하기 때문에 더욱 영향을 받을 수밖에 없다. 그렇다면 이러한 점을 생각하면서 조금 전의 가정을 다시 살펴보자. 이윤을 남겨야 하면서 동시에 직원에 대한 불이익이 없어야 한다면, 고용주는 어떤 조치를 취할 것인가. 결국 직원의 노동 시간을 줄이는 방법이 임금인상을 통해 나간 돈을 메꿀 수 있는 방법이다. 그렇다면 이 내용을 한계효용 그래프를 통해 알아보자.

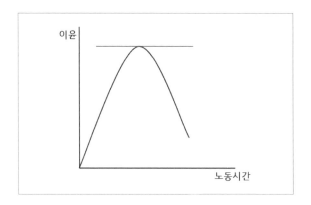

위 그래프에서 붉은 직선의 기울기는 0이다. 기울기가 0이 되는 시점만큼까지 일을 시켜야 효용이 극대화가 된다는 뜻이다. 이 해석은 다시 말해서 최저임금이 인상되기 전과의 상황과 최대한 비슷하게 만들기 위해서는 노동자의 노동시간을 줄여서 최저임금 인상 전과 후의 급여지급액을 최대한 비슷하게 만든다는 뜻으로 설명될 수 있다.

Ⅲ. 결론

1. 최저시급 인상과 고용율 변화

2019년 대외경제정책연구원의 조사결과에 따르면, 경제협력개발기구(OECD) 회원국의 중위임금 대비 최저임금 비중이 1% 증가할 때마다 청년층인 15~24세의 고용률은 0.185% 감소한다. 이때 중위임금은 전체 근로자의 임금소득을 금액 순으로 나열했을 때 한가운데 소득을 의미하며, 중위임금 대비 최저임금 비중이 증가한다는 것을 통해 최저임금 상승률이 가파르다는 것을 알 수 있다.

최저임금 상승에 따른 고용률 하락은 주력 노동연령대인 25~64세(-0.090%)보다 15~19세(-0.401%), 65세 이상(-0.400%) 등 노동 취약계층에서 두드러졌다. 특히 우리나라에서는 OECD가 제공한 수치(1988~2017년)를 바탕으로 중위임금 대비 최저임금 비중이 1% 증가할 때 15~24세 고용률이 0.014% 감소한 것으로 추정됐다. 우리나라의 중위임금 대비 최저임금 비중은 2007년 0.43에서 2017년 0.53으로 0.1포인트 상승했다.

또한 통계청의 조사에 따르면, 최저임금이 전년대비 16.6% 인상된 2000년 9

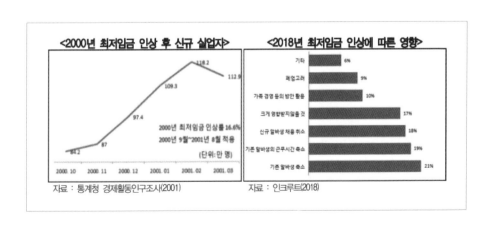

월~2001년 8월의 경우, 신규 실업자 수는 2000년 11월 87만 명, 12월 97.4만 명, 2001년 1월 109.3만 명으로 세달 연속 10만 명 이상의 신규 실업자 발생했다. 또한 밑에 표에서 보이는 것과 같이 직간접적으로 영향을 미침을 알 수 있다.

2. 시사점

돈은 경제력의 바탕이 된다. 노동자든 고용주든 경제력이 약하면 살아가기 힘들 수밖에 없다. 돈에 대해서는 누구나 예민하고 사소한 것까지 하나하나 살펴볼 수밖에 없다. 최저임금 인상은 사회적으로 많은 변화를 만들어냈다. 노동자들의 삶의 질을 개선하며 상승하는 물가에 노동자들을 적응시키자는 인식을 심어주었다. 그와 동시에 일자리 부족 현상 심화와 아직까지 사라지지 않은 임금체불, 그리고 그 뒤에 숨어있는 고용주들의 고난 또한 가져왔다.

1) 지속적인 최저임금 인상은 오히려 노동자와 고용주 모두에게 악영향을 미칠 수 있다.
2) 최저임금이 상승하는 만큼 고용주들 또한 대책을 마련할 것이고 결국 줄어든 노동시간으로 인해 받는 임금이 적거나, 혹은 무인기 도입으로 인해 도리어 일자리를 찾기 어려워질 수도 있다.
3) 하지만 최저임금을 다시 낮출 수는 없다. 너무 올려서도 안 되고 낮추어서도 안 된다.

3. 해결방안

사회적으로 임금 인상과 동시에 일자리가 줄어드는 추세가 나타나고 있다.

앞의 여러 가지를 종합하여 해결방안 두 가지를 제안하겠다. 첫 번째, 더 이상
의 최저임금 인상은 멈추어야 한다. 두 번째, 고용주들에게는 일자리 제공을 하
도록 유도해야 하고 일자리를 창출한 만큼 세금혜택을 제공한다. 무엇보다도 최
저임금 인상에 대한 내용은 노동자와 고용주 서로에게 최대한의 만족을 안겨줄
수 있는 방안으로 개선되어야 하기 때문이다.

Ⅳ. 참고문헌

1. 최저임금 고용화과, 한국노동사회연구소. 김유선
2. 최저임금 효과분석. 한국노동연구원. 정진호, 남재량, 김주영, 전영준
3. 최저임금 인상, 핵심쟁점과 향후 과제. 상생경제연구실 선임연구위원. 유
영성
4. 한계효용법칙 : https://haksengyo.blog.me/221315717351
5. 한계효용 : https://terms.naver.com/entry.nhn?docId=1160982&cid=40942
&categoryId=31819
6. 고용율 통계 : https://biz.chosun.com/site/data/html_dir/2019/05/27/2019
052701931.html

 선배의 탐구보고서 의미 들여다보기

● 탐구보고서 작성에 참여한 계기

평소 경제에 관심이 많아서 경제를 주제로 하는 책과 기사를 자주 찾아보았
다. 그러던 중, 최저시급 인상에 관한 뉴스 기사를 접하게 되었다. 기사를 읽기

전에는 최저시급을 올리면 노동자들이 더 많은 임금을 받고 그들이 이 돈을 소비한다면 경제가 활성화될 것이라고 생각했다. 하지만 예상과는 다르게 최저시급 인상에 대한 다양한 주장들이 있는 것을 알게 되었다. 그래서 나는 수학시간에 배운 미분을 활용하여, 최저시급 인상의 효과에 대해 탐구하기로 했다.

● 탐구보고서 작성 시 맡은 역할과 노력 과정

이번 탐구보고서는 팀원들과 함께하는 보고서가 아니어서, 혼자 보고서를 작성하는 데 어려움을 겪었다. 하지만 논문이나 기사를 비롯하여 관련 자료를 찾는 것은 어렵지 않았다. 사회라는 복잡한 현상을 한계효용 그래프를 사용해서 설명하는 것은 쉽지 않았는데, 탐구보고서를 발표하기 위해 내용을 가다듬는 과정에서 탐구주제를 더 깊이 이해할 수 있었다.

효용함수와 한계효용에 대해 자료를 찾아보고 친구들이 쉽게 이해할 수 있도록 관련 예시들과 학습 동영상을 찾아보는 것을 통해, 발표 준비를 하는 데도 도움이 되었고 한계효용에 대해 더 깊은 이해를 할 수 있게 되었다.

● 탐구보고서 작성을 통해 배우고 느낀 점

탐구보고서 작성을 위해 관련 자료들을 조사하면서, 최저시급 인상이 실업자를 증가시키는 등 경제에 부정적 영향을 미친다는 것을 알게 되었다. 탐구보고서를 작성하면서 느낀 점은 바로 경제 정책이 사회 전반적으로 다양한 영향을 미친다는 것이다. 그래서 정책을 수립하기 이전에 사회 여러 분야의 전문가들이 복합적으로 연구하고 나서 정책을 시행해야 한다고 생각했다. 사회문화 현상을 수학적으로 정의할 수 있다는 점이 신기하게 느껴졌고, 수학으로 설명하지 못하는 경우도 있는지 살펴보는 과정을 통해 경제에 더욱 관심을 가지게 되었다.

광고·미디어계열

 제목 : 빈곤 포르노의 문제점과 대안

목차

Ⅰ. 서론

1. 빈곤 포르노란 무엇인가

빈곤 포르노란 모금 유도를 위해 가난을 자극적으로 묘사하여 동정심을 불러일으키는 영상이나 사진 등을 말한다. 빈곤층의 불쌍하고 어려운 모습을 부각해 기부를 받는 광고 역시 빈곤 포르노의 일종으로 볼 수 있다. 이러한 광고들은 빈곤과 피후원국에 대한 잘못된 고정관념을 불러일으키고 영상을 자극적으로 연출하는 과정에서 출연자의 인권을 유린한다는 비판을 받고 있다. 빈곤 포르노와 관련하여 빈곤층에 대한 고정관념을 가지고 그들이 자신의 생각과 다를 경우 비난하는 '빈곤 때리기'라는 용어도 있다. 가난한 사람들은 불쌍하고 무언가 결핍되어 있고 생기 없다는 인식이 더 나아가 그래야 한다고 자리 잡은 것이다.

출처 : 월드프레스포토 인스타그램

II. 본론

1. 빈곤 포르노의 현황

빈곤 포르노는 1980년대 국제적 자선 캠페인이 발달하면서 시작됐는데, 한 방송에서 앙상하게 마른 아프리카 아이의 몸에 파리떼가 달라붙은 영상을 송출하면서 수억 달러에 이르는 금액을 모금하자 다른 기부단체에서도 이를 도입하기 시작했다. 그러나 이러한 광고의 확산으로 한 방송사가 에티오피아의 식수난을 촬영하는 과정에서 식수가 생각보다 깨끗하자 아이에게 썩은 물을 마시게 하는 등 사실을 왜곡하고 비윤리적인 연출을 한 것이 드러나 비난의 대상이 됐다.

최근에는 이 같은 비판을 피하기 위해 대역을 내세우는 광고도 많다. 실제 후원 대상자의 인권침해 피해를 방지한다는 취지지만 실제 인물이 등장하지 않앉을 뿐 처참한 환경을 강조하는 형식은 그대로다. 오히려 현실을 왜곡하고 과장해 표현할 수도 있다.

2017년의 한 설문 조사에 따르면 "기부 광고를 보고 무엇을 느끼셨습니까?"라는 질문에 60%가 '측은함'이라고 대답했다. 다음이 '윤리적 책임감'(31.3%)이었다. "당신은 빈곤 포르노에 대해 알고 있습니까?"라는 질문에는 '모르고 있다'(75.3%)고 응답한 사람이 압도적으로 많았다. 사람들이 기부 광고를 보고 후원한 이유는 측은함을 느껴서인데, 일부러 측은함을 연출하는 빈곤 포르노에 대한 인식은 낮은 것이다.

최근 흥행한 영화의 촬영지에 대한 가난의 상품화에도 빈곤 포르노라는 비판의 목소리가 나타나고 있다. 영화 '기생충'이 아시아를 넘어 전 세계적으로 신드롬을 일으키자 지방자치단체가 앞다투어 주요 촬영지 4곳을 소개하는 기생충 탐방코스를 계획 중이라고 한다.

출처 : 기생충 영화(CJ엔터테인먼트)

하지만 일각에선 이런 마케팅이 정작 영화에서 말하려고 했던 메시지를 가린 채 결국 빈곤 포르노 아니냐는 비판이 나오고 있다.

해당 지역 주민들의 생활권이 동물원에 갇힌 동물처럼 구경거리로 전락할 처지에 놓였기 때문이다. 많은 인기를 모았던 영화 '조커'도 그 사례로 들 수 있다. 영화 조커 속에 나와 유명해진 빈민가 계단 장면은 뉴욕 우범지역 중 한 곳으로 관광객들이 찾는 장소가 아니었지만 조커의 흥행 이후 많은 영화팬들이 찾는 명소가 됐다. 반면 지역 주민들은 방문객들이 갑자기 몰리면서 불편을 호소했고 최근에는 계단 위 춤추는 장면의 촬영으로 이곳 시민들의 통행을 방해하지 말라는 안내문이 계단 근처에 붙을 정도라고 한다.

2. 빈곤 포르노의 문제점

빈곤 포르노가 빈곤한 사람들을 돕는 데에 효과적인 수단이라 할지라도 많은 부작용들을 초래하고 있다. 첫 번째로 사람들의 무의식 속에 아프리카 대륙을 빈곤, 가난, 기아, 질병이라는 부정적 고정관념을 심고 이를 일반화시킨다. 빈곤 포르노들 때문에 아프리카는 곧 빈곤과 절망의 땅이라는 이미지가 고착화되어 가고 있다. 지금도 많은 사람들이 빈곤이라는 단어를 들으면 아프리카를 떠올린다. 아프리카에 가본 경험이 없는 사람들에게 아프리카는 가난과 죽음의 땅일 뿐이다.

또한 아프리카 일부분의 극단적인 사례들을 통해 편향된 정보를 습득함으로써 마치 아프리카 대륙 전체가 빈곤과 기아의 땅인 것 같은 일반화마저 이루어진다. 전문가들은 비영리단체가 아프리카인의 사진을 지나치게 선정적으로 사용하면서 어린이들의 고통과 배고픔을 이미지화해서 모금활동에 도움을 받고 있지만, 결국 그 아이들의 문제 해결보다는 편견과 차별이 더 심각해졌다고 비판하고 있다.

두 번째로 도움이 필요한 사람들을 수동적 존재로만 묘사한다는 점이다. 도움이 필요한 사람을 함께 문제를 해결하는 협력자가 아니라 수혜자로만 묘사함으로써 기부자-수혜자 관계가 모금을 위한 홍보 수단이 될 수 있다는 점이다. 고통을 홍보에 활용하기보다 그들의 존엄성을 지켜주어야 한다. 그들이 갖는 잠재력, 재능, 강점을 발굴하고 교육을 통해 문제 해결을 위한 협력자로서 본질적 변화를 모색해야 한다.

세 번째로는 기부자들이 점차 기부에 대한 회의, 무감각을 느끼게 된다는 것이다. 대중들이 자극적인 영상에 적응함으로써 사실에 대해 점차 '둔감화'되고 '기부자 피로증후군'을 불러일으킨다는 사실이다. 둔감화는 모금을 위해 선택한 부정적 또는 자극적 이미지가 더 이상 감정의 동요를 일으키지 않는 상태를 말한다. 이전의 자극을 넘어서 대중의 선택을 받고자 더 자극적이고 더 극단적인 '연출'로 빈곤의 희생자들이 또 한 번 희생되고 있는 악순환이 되풀이가 되는 것이다.

또한 기부자 피로증후군은 기부자 자신이 아무리 기부해도 이 사회를 개선하거나 많은 사람들을 모두 도와줄 수 없다는 회의감에 빠지게 되는 상태를 말한다. 내가 기부를 하더라도 변하는 것은 없을 것이라는 무력함에 빠지게 된다는 것이다.

네 번째로 빈곤 포르노는 심각한 인권침해를 유발한다. 생존 자체가 절박한 후원 대상자는 급박한 상황 속에 인권과 사생활 침해를 감수하고 빈곤 포르노의 주인공이 될 수밖에 없다. 모금 후원 영상 속 아이와 그 부모는 광고에 동의했을까, 극적인 효과를 위해 왜곡, 과장한 것은 아닐까, 촬영이 진행되는 동안 아동의 인권침해는 없었을까 등의 의문이 생긴다. 그들을 돕기 위하여 촬영하는 후원 광고가 오히려 제작부터 그들의 인권을 침해하고 있는 역설적인 모습을 보여주는 것이다.

3. 빈곤 포르노와 기부의 상관관계

모금 캠페인의 서사방식은 다양하지만 수혜자의 모습, 상태, 관련 메시지 등 수혜자를 중심으로 표현하는 것이 가장 일반적인 방식이다. 수혜자의 묘사에 따른 연구결과를 보면, 기부자들이 충분히 받아들일 만한 방법으로 빈곤층을 묘사하는 자선단체를 후원하는 경향이 있으며 또 다른 연구에서 기부자는 기부 여부를 스스로 선택할 수 있는 존재로 여기기 때문에, 이런 경우 실제로 도움 받은 수혜자의 사진이 고통스러워하는 잠재적 수혜자의 사진보다 효과적일 수 있다는 연구 결과도 확인할 수 있었다. 고통스러워하는 수혜자의 사진은 죄책감을 유발하는데 반해, 실제로 도움 받은 수혜자의 사진은 기부자가 기부하지 않을 자유가 있다고 느끼기 때문이라는 것이다.

한 연구에서 수혜자의 처지를 부정적으로 묘사하고 문제 상황의 처참함이나 심각성을 강조하는 것은 주의를 끌고 동정심을 유발할 수 있다는 점에서 효과적이라는 것은 인정하나 그러한 부적 정서의 유발이 죽음의 공포와 같이 극단화되면, 오히려 기부 메시지에 대한 회피가 발생할 수 있다고 가정하고 실험을 진행했다. 그 결과, 메시지의 죽음 현저성이 높아져 공포를 유발하면 회피 동기 때문에 기부 태도와 기부 의도가 감소할 수 있다는 것을 증명했다.

대체적으로 빈곤 포르노 현상과 관련된 요인들이 매개로 설정된 경우, 모금 효과성에 대한 회의적인 결과를 보이고 있다는 것이다. 더구나 빈곤 포르노 현상의 활용이 인정되는 연구의 경우에도 부정적 이미지를 표현하는 데 있어서 자극의 강도조절이 선행되어야 함을 강조하고 있다. 메시지가 부정적이거나 자극적인 것을 넘어 극단적인 묘사를 통해 죽음이라는 공포감을 형성하게 되면 기부 회피라는 최악의 상황으로 귀결될 수 있다는 이유에서다.

결과적으로 과거와는 달리 모금 캠페인에서의 빈곤 포르노 현상은 모금 효과성을 보장할 수 없고, 도리어 기부자와 잠재적 기부자의 기부 회피라는 역효과를 불러일으킬 수 있다는 점에서 활용에 대한 적절성을 논의해봐야 할 시기임에는 틀림없다.

Ⅲ. 결론

빈곤 포르노의 긍정적 변화 및 대안

빈곤 포르노에 대한 비판적 의견이 거세짐에 따라 이를 변화시키기 위한 움직임이 세계적으로 이루어지고 있다. 유럽연합의 경우, 빈곤 포르노라 불리는 광고를 적극적으로 규제하는 움직임을 보이고 있다. 유럽연합은 빈곤 포르노의 역기능에 주목하며, 자극적 모금방송이 인권유린에 해당할 수 있다며 강력하게 비판한 바 있다. 한국 역시도 방송통신심의위원회(방심위)가 국내 국제구호개발기구의 후원 광고를 모니터링하고 있다.

방심위는 2018년 7월에 '빈곤 포르노' 관련 안건에 대해서 유럽의 사례, 초상권 침해 가능성 등을 근거로 행정지도인 '권고' 의견을 내고 구호단체들의 후원 광고를 지속적으로 모니터링하겠다고 밝혔다.

빈곤 포르노의 대안들로 미디어 가이드라인이나 여러 캠페인 활동들이 진행되고 있다. 세이브더칠드런, 월드비전, 유니세프 한국 위원회, 초록우산 어린이 재단 등과 같은 아동을 중심에 둔 국제구호개발 NGO와 국제개발협력민간협의회(KCOC)는 2014년에 '아동권리 보호를 위한 미디어 가이드라인'을 마련했다. 이 가이드라인은 기자, 촬영감독, 사진작가 및 NGO 관련 종사자 등 미디어와 관련된 모든 사람들이 보도물의 취재, 제작 과정에서 아동이 처한 상황을 개선하기 위해 기여하고 아동의 권리 침해를 예방할 수 있도록 지원하는 역할을 한다.

미디어 관계자들이 지켜야 할 10가지 가이드라인
① 아동의 존엄성과 권리 존중
② 미디어 관계자의 사명과 책무준수

③ 아동 및 보호자의 의사 존중

④ 아동의 사생활 보호

⑤ 적절한 촬영 환경 보장

⑥ 촬영으로 인한 사후 피해 예방

⑦ 사실에 기반에 둔 촬영

⑧ 아동 및 보호자의 능동적 묘사

⑨ 현지 지역 문화 존중

⑩ 국내외 협력기관 및 직원 존중

그리고 탈빈곤 포르노의 좋은 사례로 뽑히고 있는 SNS 해시태그 캠페인이 있다. #TheAfricaTheMediaNeverShowsYou 캠페인이다. 이 해시태그 캠페인은 아프리카 젊은 층에 의해 시작되었다고 한다. 아프리카 대륙 또는 다른 지역에서 성장하고 있는 아프리카 젊은 세대들은 그들이 살아가면서 마주쳤던 아프리카의 가난, 질병과 관련된 극도로 단순화된 고정관념과 맞서 싸우기 위해 이 캠페인을 시작했다고 한다.

모금영상에서는 찾아볼 수 없었던 현재 아프리카의 패션, 예술부터 고대의 사원, 새로 지어진 경기장에 이르기까지 다양한 주제의 사진들

을 담고 있다. 또한 아프리카 출신 사진작가들 역시 (Everydayafrica)라는 인스타 그램 계정을 만들고 아프리카의 아름다운 일상에 대한 사진을 지속적으로 게시하고 있다.

구호 단체들은 빈곤 포르노에 대해 비판받을 때 사람들의 동정심에 호소하는 것이 가장 효율적으로 모금할 수 있는 방법이라 말한다. 구호 활동을 전개하기 위한 돈을 마련하기 위해 빈곤 포르노를 만든다고 하지만 그러기에 빈곤 포르노의 단점은 너무나 치명적이다. 이 치명적인 단점들은 아프리카 대륙에 부정적인 고정관념을 생성하고 도움이 필요한 사람들을 수동적 존재로만 묘사하며, 기부에 대한 회의감을 느끼게 하고, 인권을 침해한다.

후원 단체들이 미디어 가이드라인을 지키고 탈 빈곤 포르노에 대해 노력한다면 뼈만 앙상하게 남은 아프리카 어린아이의 모습, 구걸하는 듯한 눈, 부풀어 오른 배, 굶주린 모습들이 아니더라도 후원을 받고 행복감을 느끼는 그들의 모습으로, 밝고 희망적인 메시지로도 충분히 효과적으로 후원금을 유치할 수 있을 것이다. 빈곤을 다루는 미디어의 올바른 방식이 무엇인지, 만드는 사람도 보는 사람도 함께 고민해야 할 것이다.

Ⅳ. 출처

1. 빈곤포르노현상(Pornography of Poverty)에 대한 비판적 연구(국내 온라인 모금 사례를 중심으로)

2. 국제개발협력민간협의회, 2014, "아동 권리보호를 위한 미디어 가이드라인"

3. [네이버 지식백과] 빈곤 포르노 (시사상식사전, pmg 지식엔진연구소)

4. No.1 육아신문 베이비뉴스(https://www.ibabynews.com)

● 탐구보고서 작성에 참여한 계기

언젠가부터 TV에서 나오는 빈곤국 아동, 난민아동, 우리나라의 빈곤아동 등의 적나라한 모습들이 노출되었다. 처음에는 안타까운 마음에 기부도 해보고, 측은지심에 눈물도 흘리곤 했다. 시간이 지나 익숙해졌지만 동정심을 자극하는 광고를 볼 때마다 마음이 불편해지곤 했고 채널을 돌려버리는 등 외면하게 되었다. 그러던 중, 신문을 통해 내가 지금껏 불편한 마음으로 봐 온 광고가 일명 '빈곤포르노'라 불리며 사회적으로 많은 문제점을 가지고 있다는 것을 알게 되었다. 그래서 관련 내용을 조사해보며 '빈곤 포르노'의 문제점과 대안을 탐구해보고자 했다.

● 탐구보고서 작성 시 맡은 역할과 노력 과정

일단, 사전 자료 조사하기 위해 인터넷 포털 사이트를 통해 '빈곤포르노'에 대한 다양한 의견들을 찾아보며 목차를 구상하였다. 광고를 볼 때마다 단편적으로 느꼈던 마음의 불편함이 어디서 오는지, 빈곤포르노가 실질적 기부실적에 도움이 되는지도 궁금해 논문을 찾아 읽었다.

이렇게 모든 자료를 이용하여 목차를 구성하고, 빈곤 포르노의 현황과 문제점을 정리하였다. 그리고 논문을 통해 알아낸 빈곤 포르노와 기부의 상관관계를 요약하여 내용에 첨부하였고, 내가 원하는 결론을 도출하기 위해 '아동권리 보호를 위한 미디어 가이드라인'을 참고해 글을 완성시켰다.

● 탐구보고서 작성을 통해 배우고 느낀 점

주로 문헌들을 조사하느라 수많은 기사, 사설, 블로그, 논문 등을 읽고 정리하느라 시간이 많이 소비되었지만, 자료를 정리하는 과정에서 많은 배경지식을 쌓을 수 있게 되었다. 그리고 도움이 필요한 사람들의 영상을 보며 내가 느꼈던 마음의 불편함이 무엇인지도 일정 부분 해소가 되었다.

무엇이든지 도를 지나치면 부작용이 있기 마련이듯 동정심을 자극하기 위해 경쟁적으로 더 불쌍해 보이도록 작위적으로 만들어진 영상들은 '기부를 통한 구호'라는 본연의 목적을 상실한 채, 사람들에게 자극적인 콘텐츠로 소비될 뿐이라는 것을 알게 되었다.

그리고 탐구보고서를 쓰면서 사람들의 인상에 깊이 남는 콘텐츠는 자극적인 것이 아닌 마음을 움직일 수 있는 진정성이 가미되어야 한다는 것도 깨닫게 되었고, 나만의 광고 철학에 대해 고민해보게 된 계기가 되었다.

제목 : 언론의 익명 보도의 남용원인과 해결방안

목차

Ⅰ. 서론

최근 들어 인터넷 보급 이후 우후죽순 생겨난 인터넷 신문사와 SNS등을 통한 각종 제보의 활성화, 종편방송 시작으로 인해 언론의 취재경쟁이 치열해지고 있다. 보다 더 많은 사람들의 관심을 끌고자 매일 언론사들은 특종 및 단독 보도에서 " 대통령의 한 측근에 따르면~", " 관계자에 따르면~", " 지인의 제보에 따르면 ~"등 불특정 다수의 익명 취재원의 고급정보인 것 마냥 경쟁적으로 기사를 쏟아내고 있다.

무분별한 익명 보도로 인해 검찰 수사에 혼선을 빚게 되거나, 정쟁의 원인을 제공하고, 국민 여론의 분란을 조장하는 등 그 부작용이 크다. 따라서 언론 보도의 익명성 보장에 대해 탐구해보고, 언론 보도 행태에 대해 조사해 익명보도의 부작용에 대한 대책을 찾아보고자 한다.

II. 본론

1. 신문 윤리 실천 요강에서의 취재원 보호

미국의 언론학자이자 사회학자인 마이클 셧은 '뉴스 생산과정은 취재원에서 시작하며, 취재원은 저널리즘의 초고'라고 했다. 뉴스보도에 있어 취재원이 얼마나 중요한 위치에 있는지를 짐작할 수 있는 말이다.

현재 우리나라 신문 윤리 실천 요강에 따르면 기자는 "취재원을 원칙적으로 익명이나 가명으로 표현해서는 안 되며, 추상적이거나 일반적인 취재원을 빙자하여 보도해서는 안 된다."라고 되어 있다. 원칙은 실명보도이고 예외적으로 익명도 허용한다는 것이다. 이때의 예외에는 공익제보자나 내부 고발자가 대표적으로 해당된다고 할 수 있다.

〈 신문 윤리 실천 요강 - 취재원의 명시와 보호 〉

① (취재원의 명시와 익명조건) 기자는 취재원이나 출처를 가능한 한 밝혀야 한다. 다만 공익을 위해 부득이 필요한 경우나 보도가치가 우선하는 경우 취재원이 요청하는 익명을 받아들일 수 있다. 이 경우 그 취재원이 익명을 요청하는 이유, 그의 소속기관, 일반적 지위 등을 밝히도록 노력해야 한다.

② (제3자 비방과 익명보도 금지) 기자는 취재원이 익명의 출처에 의존하거나 자기의 일방적 주장에 근거하여 제3자를 비판, 비방, 공격하는 경우 그의 익명 요청은 원칙적으로 받아들여서는 안 된다.

③ (배경설명과 익명조건) 기자는 취재원이 심층배경설명을 할 때 공익을 위해 필요한 경우 그의 익명요청을 받아들일 수 있되, 취재원의 소속기관과 일반적 지위를 밝혀야 한다.

④ (취재원과의 비보도 약속) 기자가 취재원의 신원이나 내용의 비보도 요청에 동의한 경우 취재원이 비윤리적 행위 또는 불법행위의 당사자인 경우를 제외하고는 보도해서는 안 된다.

⑤ (취재원 보호) 기자는 취재원의 안전이 위태롭거나 부당하게 불이익을 받을 위험이 있는 경우 그 신원을 밝혀서는 안 된다.

2. 해외 언론과의 비교

한국과 영국을 대표하는 두 공영방송 KBS와 BBC가 뉴스 제작 및 편집 가이드라인에서 익명 취재원을 사용하는 경우는 다음과 같다.

① 공익을 달성하기 위해
② 법적분쟁을 방지하기 위해
③ 프라이버시를 보호하고 신변 안전을 보장하기 위해
④ 오프더레코드 조건으로 더 많은 정보를 제공하기 위해

또한 반드시 익명으로 처리해야 할 시, 철저하게 익명성을 보장하도록 조치하고 관리해야 한다고 강조하는데 여기까지는 두 방송사가 공통으로 규정하고 있다.

이렇게 유사한 규정을 가지고 있지만 실제 보도에서는 큰 차이가 나고 있다.

	KBS	BBC
익명 취재원 사용 기사	28%	6%
*2018년 11월 셋째, 넷 째주 뉴스 임의 선택		

가이드라인의 규정만 놓고 보면 두 방송사가 비슷한 수준으로 명시되어 있다고 볼 수 있다. 결국, 기자들의 규정 준수 의지와 사내 분위기나 문화가 영향을 끼친다고 할 수 있다.

3. 무분별한 익명보도의 원인과 문제점

① 언론사 수가 급격이 증가하여 단독보도, 특종 경쟁이 치열해지고 있다.

– 24시간 뉴스를 보도하는 채널, 포털사이트를 장식하는 실시간 뉴스 속보 등 우리는 항상 뉴스와 기사에 노출되어 있다. 그리고 자신의 기호나, 성향에 따라 언론사를 선택할 수도 있는데, 여기서 보다 많은 사람들의 관심을 집중시키고자 인터넷기사의 조회 수를 높이기 위해 사실 확인을 미처 끝내기도 전에 단독보도의 이름으로 기사가 나고, 그 뒤를 복제하여 타 언론사의 인용보도가 뒤따르는 모습을 쉽게 볼 수 있다.

여기서 누가 선점하느냐의 문제가 생기게 되고, 그 선점효과를 위해 확인되지 않은, 신뢰가 증명되지 않은 익명의 취재원들의 정보에 의존하여 검증의 시간을 최대한 아껴 일단 기사를 내고 보는 것이다. 그러므로 충분한 검증의 절차를 행하지 않은 채 보도되는 경우가 많게 되어 기사 자체의 신뢰성이 현격히 떨어질 수 있는 위험 부담을 상쇄하고자 그 누구도 출처를 검증할 수 없어 설사 오류가 있는 보도라도 빠져나갈 구멍을 만들어 놓기 위한 방책의 필요성에 의해 익명의 취재원을 내세우게 되는 것이다.

② 자격미달의 양산형 기자들이 취재의 기본에 대해 잘못 이해하고 있다.

– 인터넷 신문의 기사들을 보면 기본적인 맞춤법을 틀리거나, 문법을 틀리게 사용한 수준 미달의 기사들을 종종 볼 수 있다. 이는 디지털 시대에 우후죽

순 생겨난 언론매체에 단순 클릭 수와 화제성을 높이고자 충분한 교육과 직업 소명의식을 갖추지 않은 채 기자를 양산한 것에 책임이 있다고 할 수 있다. 검증되지 않은 능력과, 부족한 교육이 만나 '취재원 보호'라는 말이 모든 기사의 출처를 익명으로 할 수 있다는 걸로 착각하는 상당수의 기자들을 만들었다. 또한 실적을 위해 일단 기사를 올리고 마는 무책임함도 큰 원인이라 할 수 있다.

이러한 원인으로 인해 익명보도는 다음과 같은 문제점을 가지게 된다.

① 취재원의 익명성으로 인한 기사 내용의 불투명성, 불확실성, 부정확성.

저널리즘의 핵심 가치는 정확하게 무엇이 일어났는가를 확인하는 과정 즉, 검증이 된다. 기사를 통해 팩트에 접근하기 위해서 기본적으로 선행되어야 할 것이 해당 정보 출처의 명확성과 신뢰성이라고 할 수 있다. 여기서 정보제공의 주체가 누구인지가 드러나지 않는 익명보도는 불확실성이란 면에서 최대 단점을 가지게 된다.

② 익명의 취재원 공정성 시비를 일으킬 수 있다.

언론의 중요한 가치 중에 하나는 공정성이라 할 수 있다. 이는 '정확한 팩트 전달'과 '다양한 의견 수렴'을 통해 획득할 수 있는 가치이다. 그런데 정체불명의 취재원은 소수의 편중된 의견을 제시한다거나, 왜곡된 정보를 전달하는 등의 행위로 공정성을 해치는 결과를 야기할 수도 있다.

III. 결론

세계적인 언론사인 뉴욕 타임즈의 경우 제이슨 블레어라는 기자가 쓴 기사 중 절반이 허위기사 또는 표절 기사였다는 사실이 밝혀져 신뢰도에 타격을 입은

적이 있다. 이후로 "익명 보도는 우리의 신뢰도를 훼손하는 주범"이라고 천명하며 익명 취재원 사용을 극도로 제한하고 있다고 한다. 이와 더불어 익명 취재원을 불가피하게 이용할 경우 에디터, 부서장, 편집인, 편집장에게 익명 취재원에 대한 신원을 공유하도록 하고 있다고 한다.

우리나라의 언론사들도 국민들에게 '무책임한 익명성'으로 저질의 기사들을 양산하기보다는 '언론보도'의 기자신 공공적인 사실이나 사건에 관한 정보를 보도하고 논평하여 뉴스를 대중에게 전달하는 행위에 초점을 맞추어 행동할 필요가 있다. 그러기 위해서 우리 언론이 배워야 할 것은 뉴욕 타임즈처럼 기사를 작성하는 기자에서 최종 책임을 지고 있는 데스크에 이르기까지 익명보도의 문제점을 인식하고 익명 보도를 줄이기 위한 최선을 노력을 해야 한다는 것이다.

또한 언론사에서 결국 익명의 취재원을 내세우는 이유는 그들이 쓰고 싶은 기사를 쓰기 위한 하나의 통로가 되어 주기 때문이라 생각한다. 이를 이용해 조회 수를 높이고 화제성을 획득하기 위해 오늘도 '제보에 따르면~', '관계자에 따르면 ~' 따위의 정체불명의 소식통을 통해 수많은 기사들이 넘쳐나고 있다. 경쟁에서 살아남는 것은 일시적인 화제성이 아니라는 것을 새기고, 언론 스스로가 보다 높은 윤리성과 책임감을 가지고 실천해야 할 필요가 있다.

그리고 뉴스나 기사를 소비하는 국민들도 무분별한 기사에 선동되지 않고 사실을 가려 볼수 있는 이성적 판단력이 필요하다고 할 수 있다.

Ⅳ. 참고문헌 및 출처

논문) 단독보도의 출처와 인용에 대한 연구 : 최순실 게이트 관련 보도중심으로

논문) 익명 취재원 보도에 대한 방송 기자 인식 연구 : 관행, 동기, 효과를 중

심으로

http://blog.naver.com/pac3083/221289274140

https://terms.naver.com/entry.nhn?docId=3350904&cid=58190&category
Id=58190

http://www.mediatoday.co.kr/news/articleView.html?idxno=205726

http://min.kr/620?TSSESSIONminkr=191a429d3537c2215326b88762ee
ae99

https://blog.naver.com/kpfjra_/221515728979

한국 신문윤리 위원회 http://www.ikpec.or.kr/

– 이영돈 PD의 영상콘텐츠 제작 사전

선배의 탐구보고서 의미 들여다보기

● 탐구보고서 작성에 참여한 계기

인터넷 보급의 확산은 사람들의 소통을 원활하게 만들었으며, 언론의 발전에
크게 기여했다. 하지만 많은 제보가 쏟아지면서 언론의 취재보도 과정에서 익명
보도가 남발하고 있다. A, B, C 이니셜 보도로 인해 온갖 추측이 오가고 확인
되지 않은 사실에 의해 2차 피해가 확산되는 등 그 피해가 날로 커지고 있다. 이
런 상황에 관심이 생겨 조사하게 되었다.

● 탐구보고서 작성 시 맡은 역할과 노력과정

고등학생이 우리나라의 수많은 언론사 및 방송사를 조사하여 통계를 내는
일은 한계가 있었다. 그래서 내가 세운 목차와 결론에 대한 근거를 찾는 데 많

은 시간이 소비되었다. 논문을 검색하고 언론 전문가들의 블로그와 칼럼을 참고하면서 해외 사례와 비교하며 자료를 정리했다. 그리고 우리나라의 언론보도 규정에 대해도 알아보고, 무분별한 익명보도의 원인과 문제점을 정리했다.

● **탐구보고서 작성을 통해 배우고 느낀 점**

주제를 정할 때만 해도 관련 자료가 많을 것이라는 막연한 기대로 시작했는데, 막상 문헌과 인터넷을 조사해보니 내가 원하는 내용에 딱 맞는 자료를 찾기가 힘들었다. 하지만 자료를 찾는 과정에서 주제에 딱 맞는 내용은 아니었지만, 분야의 다른 이슈에 대해 알게 되었다. 그리고 「단독보도의 출처와 인용에 대한 연구 : 최순실 게이트 관련 보도중심으로」, 「익명 취재원 보도에 대한 방송 기자 인식 연구 : 관행, 동기, 효과를 중심으로」라는 두 편의 논문을 읽으며 언론에 대한 배경지식과 전문용어를 익힐 수 있었다.

이번 탐구 활동을 통해 언론인을 꿈꾸며 앞으로 관심을 가지고 탐구를 이어나갈 주제들에 대한 힌트를 얻었다. 뿐만 아니라 언론보도와 관련된 다양한 주제들을 접해 언론 분야에 대한 시각이 확대되고 다각화된 것 같다.

PART
4

탐구보고서
연계 활동

반크(VANK)

반크(Voluntary Agency Network of Korea)는 1999년 1월 인터넷 상에서 세계 속의 한국 이미지를 변화시키고자 만들어진 사이버 단체이다. 전국 각지의 네티즌들이 모여 시간과 국경의 벽을 넘어 한국을 모르는 외국인들에게 아름답고 순수한 우리만의 이미지를 홍보하기 위해 이메일을 보냈다.

이후 활발한 활동을 통해 사이버 관광 가이드이자 사이버 외교 사절단 역할을 하고 있다. 반크는 전 세계에 한국의 모습을 올바르게 알리는 것을 목표로 'PRKOREA 프로젝트'를 추진하고 있는데 내용은 다음과 같다.

① 전국 초·중·고 학생들이 참여하는 풀뿌리 한국 홍보 추진
② 신문 활용을 통한 국제화 교육
③ 해외 친구들을 대상으로 한국 문화를 담은 인터넷 홍보 카드 및 한국 홍보 동영상 카드 보내기 운동 전개
④ 전 세계 한민족을 하나로 모으는 한민족 인터넷 비상연락망 구축
⑤ 외국 친구들에 대한 한국어 교육

그 외에도 해외 e펜팔친구 사귀기 운동, 오류시정 프로젝트, 국제협력 네트워크 구축, 사이버 국제학급 교류 사업, 20만 사이버 외교관 양성, 내 고장 포토제닉 사업, 한국 홍보자료 검색엔진 구축, 한민족 네트워크 구축, PRKOREA 웹진 사업 등 9대 추진 사업으로 한국 올바로 알리기 사업을 추진하고 있다.

설립 이후 외국 네티즌 100만 명을 1차 홍보 목표 대상으로 삼아 이들에게 한국의 경제·문화·역사·관광 등에 관한 홍보사업을 전개하였다. 미국 CIA 및

미국 정부, 내셔널 지오그래픽사(社), 세계 최대의 온·오프라인 지도(地圖) 출판사인 그래픽스 맵스, 세계보건기구·유네스코 등의 국제기구 등에 '일본해'의 '동해' 표기를 위한 항의 서한 및 시정 요구 메일을 보내는 등 활발한 활동을 전개해왔다. 그밖에 각종 한국 관련 해외 인터넷 사이트에서 한국 문화나 기타 정보에 대한 크고 작은 오류를 수정하게 하는 등 많은 성과를 거두었다.

학교에서 동아리 활동으로 반크를 활용할 수도 있고, 개인적인 활동도 가능하니 반크의 다양한 패밀리 사이트를 방문해 자신의 관심 분야와 관련된 활동을 이어 가도록 하자.

반크 지구촌 촌장학교	21세기 광개토태왕 꿈날개 프로젝트
사이버 독도사관학교	반크 사이버 외교관
글로벌 역사외교 아카데미	반크 월드 체인저

한국거래소 – 온라인 아카데미(www.krx.co.kr)

한국 거래소(Korea Exchange, KRX)는 2005년 1월 한국 증권 거래소, 한국 선물 거래소, 코스닥 증권시장㈜, 코스닥 위원회가 합병되어 한국증권선물 거래소라는 이름으로 출범한 통합 거래소로 부산에 본사가 위치해 있다.

우리나라의 증권, 파생상품 등의 거래 및 시장 관리 업무를 담당하는 통합 거래소인 만큼, 우리나라 자본시장의 저변을 확대하고 건전한 자본투자활성화를 위하여 금융투자에 관심을 갖고 있는 사람들을 대상으로 다양한 교육콘텐츠를 제공하고 있다.

KRX 온라인 아카데미

증권시장, 파생상품, 환리스크 관리, ETF, ETN, ELW, KOBA 워런트 등을 쉽게 이해할 수 있도록 애니메이션이나 동영상으로 제작된 강의를 들으며 경제 및 금융상품에 대한 지식을 습득할 수 있다.

홍보관(서울) 및 박물관(부산) 운영

한국 거래소 KRX 홍보관

서울에 위치하고 있으며 한국 거래소의 역사를 한눈에 조망하는 다양한 전시 관람과 자본시장에 대한 이해를 높일 수 있는 금융교육프로그램이 진행되는 증권파생상품시장 종합 체험 공간이다. 관람료는 무료이며 평일 오전 9시~오후 6시까지 관람 가능하다. 단체관람(10명~60명)을 온라인으로 신청하면 전시해설사의 설명을 들을 수 있다.

한국 거래소 자본시장 역사박물관

530여 점의 유물을 통해, 우리나라 자본시장의 지난 발자취를 살펴볼 수 있는 금융경제 전문 1종 박물관으로 부산에 위치하고 있다. 관람료는 무료이며 평일 오전 9시~오후6시까지 관람 가능하며, 단체관람(10명~50명)을 온라인으로 신청하면 전시해설사의 설명을 들을 수 있다.

그리고 서울과 부산에서 상시 운영되고 있는 테마증권 시장교실에서는 세대별로 대상을 구분하여 실시하고 있다. 그 중 고등학생을 대상으로 하는 증권시장 교실에 대해 간략하게 소개해 보겠다.

〈고교생 증권시장 교실〉

• **개요** : 고등학생을 대상으로 다양한 현장체험 활동을 통해 자본시장 및 경제 전반에 대한 이해를 높이고 우수한 미래의 경제 주역으로 양성하는 과정

• **모집방법**

  – 홈페이지 교육안내(http://academy.krx.co.kr) 및 모집 공고 확인

  – 온라인 신청 및 접수 선착순 선정

  – 기수당 동일 학교 4인 이내 제한, 단체 신청 불가

• **대상자 확정 통보** : 홈페이지 결과 조회 확인 및 교육참가 대상자 SMS 통보

• **교육 관련 혜택** : 참가비 전액 무료, 참가확인서, 교육 교재, 체험학습지(워크북), 기념품 제공

• **교육기간 및 장소**

대상	시간	내용
고등학생	240분 (13 : 00 ~ 17 : 00)	박물관 견학, 참여형 학습(워크북 풀이, 보드게임), 전문가 특강(팀별 워크숍)

(서울)

- 고등학생 300명(매 기수별 50명씩 6회)

- 하계/동계 방학기간 3회 운영(연간 총 6회)

- 교육 장소 : 한국거래소 홍보관(한국거래소 본관 2층, 여의나루로 76)

(부산)

- 고등학생 200명(매 기수별 50명씩 4회)

- 하계/동계 방학기간 2회 운영(연간 총 4회)

- 교육 장소 : 한국거래소 자본시장역사박물관(문현단지 국제금융센터 51층)

금융감독원 - 금융교육센터(http://www.fss.or.kr/edu/main.jsp)

금융감독원은 은행, 증권사, 보험사 등 금융기관을 감시, 감독하는 특수 기관으로 건전한 신용질서와 공정한 금융거래 관행을 확립하고, 예금자 및 투자자를 보호하는 데 목적을 두고 있다. 그래서 전 국민의 금융이해력 향상을 위해 홈페이지를 통해 교육 단계별 다양한 금융 교육 프로그램을 운영하고 있다.

금융 교육 관련 보드 게임 및 교재와 교구를 소개하고 있고, 범금융권에서 실시 중인 체험관, 금융캠프 등 금융교육 프로그램을 손쉽게 찾을 수 있도록 한눈에 볼 수 있게 정리해두고 있다.

〈 온라인 금융 교육 〉

회원 가입	학습 수준 테스트	콘텐츠 학습	평가 및 결과	수료증 발급	이력 관리
학습이력 관리를 위해 회원가입	학습수준평가 후 수준별 과정 추진	과정별 사전·필수 콘텐츠 학습	학습 완료 후 평가 응시 및 점수 확인	'나의 학습방'에서 수료증 출력 가능	'나의 학습방'에서 학습 및 평가 내역 확인

출처 : 금융감독원 홈페이지

한국 은행 – 경제 교육

　　한국은행은 한국의 중앙은행이자 발권은행이다. 화폐발행과 통화신용 정책의 수립 및 집행, 금융시스템의 안정, 은행의 은행이자 정부의 은행으로 지급 결제제도의 운영관리, 외화자산의 보유 및 운용, 은행 경영분석 및 검사, 경제 조사 및 통계작성 등의 기능을 수행하는 곳이다. 우리나라의 경제의 중심역할을 하는 만큼, 국민의 경제 교육을 위한 다양한 프로그램을 운영하고 있다.

청소년 경제 강좌

　　개인이 아닌 학교장의 승인을 받은 담당 교사가 직접 신청해 이루어지는 강의로, 학생부에 바로 기재할 수 있는 장점이 있는 반면 지역 제한이 있다. 그러므로 홈페이지를 참고하여 신청 가능 여부를 확인해 동아리 활동이나 교내활동 차원으로 해보는 것이 좋다.

강의주제	주제내용
한국은행이 하는 일	물가안정, 금융안정 등 한국은행이 하는 일
	금융위기와 한국은행
	위변조화폐 발견 시 대응 요령
경기변동, 실업 및 인플레이션	GDP 및 GNI의 개념
	실업의 원인 및 대책
	인플레이션의 개념, 물가안정의 중요성 및 통화정책
시장경제의 원리	경제체제, 시장의 균형과 수요공급의 법칙
	시장실패와 정부역할
환율 따라잡기	환율의 이해, 환율변동 요인 및 영향

바람직한 금융생활	재무상황 점검 및 재무설계
	금융소비자 보호 제도 이해
저축과 투자	화폐의 시간가치, 단리와 복리의 개념
	투자위험의 인식 및 관리
	예금자 및 투자자 보호제도 이해
신용관리의 중요성	대출 원리금 계산
	신용회복지원제도 이해

한국 은행 방문 강좌

교육을 희망하는 각종 기관 및 단체가 사전 신청 후 한국은행으로 직접 방문하여 이루어지는 경제 교육 프로그램으로 대상인원이 20인 이상인 경우에 한하여 신청이 가능하다. 현장체험학습을 통해 사전에 미리 신청해 교육받는 것도 하나의 방법이 될 수 있다.

부문	주제
한국 은행의 기능	한국은행이 하는 일
	한국은행의 기능 및 업무 ´
	국민경제와 중앙은행의 역할
	한국은행과 국민경제
	중앙은행의 통화정책
	한국 은행의 통화정책
	통화신용정책의 이해
	물가 안정, 왜 중요한가
	중앙은행과 금융안전
	알기 쉬운 지급결제제도
돈과 금융 이해하기	돈 이야기
	화폐의 기능과 역사
	우리나라의 화폐

돈과 금융 이해하기	화폐와 경제
	금리와 금융시장의 이해
	바람직한 금융생활
	지혜로운 신용관리
	신용관리의 중요성
	돈, 이자, 인플레이션에 관하여
	화폐의 시간가치란 무엇인가
	돈의 흐름과 금융기관의 역할
	금융상품의 위험과 수익 이해하기
외환 및 국제 경제	환율의 이해
	환율과 외환시장의 이해
	알기 쉬운 환율제도
	외환보유액 관리와 중앙은행의 역할
	한국은행의 외화자산 운용에 대한 이해
	알기 쉬운 외국 환거래 제도
	국제금융시장의 이해
	국제수지와 환율
경제지표와 거시경제 이해하기	알기 쉬운 경제 통계 해설
	한국 은해의 주요 경제통계
	경기관련 지표, 어떻게 읽어야 하나
	국민소득과 경제성장
	물가와 인플레이션
	경기변동과 실업
	대내외 경제현황과 과제
시장경제 이해하기	알기 쉬운 시장경제
	가격과 시장
	소비자와 기업
	합리적인 소비생활
	생활 속 시장경제 이야기

〈청소년 경제 캠프〉

• 참가대상
  - 본부개회 : 고등학생 및 동 연령대 청소년
  - 지역본부 : 초·중·고 학생 및 동 연령대 청소년

• 캠프 기간
  동계 및 하계 방학기간 중 실시되며 신청자중 선별하여 참가시킴.
  (본부의 경우 2018년도부터 동계방학기간에만 개최함.)

• 캠프 장소
  - 본부 : 한국은행 본부 및 인재개발원(인천), 3박 4일 합숙
  - 지역 : 지역본부 강당, 등하교 형식

• 캠프 내용
  기초 경제이론을 시작으로 금융시장, 한국경제 등의 경제 일반, 청소년의 신용관리 등의 경제교육과 산업현장 견학 등의 형식으로 진행

  이외에도 홈페이지를 통해 온라인학습, 재미있는 경제이야기, 경제용어사전 등을 활용하여 학습할 수 있다.

대학교 주최 캠프

　각 대학에서는 방학 기간을 통해 전공이해 프로그램 및 리더십, 멘토링 캠프 프로그램을 운영하고 있다. 자신이 진학을 희망하는 대학이나 계열의 캠프 일정을 체크해 참여하여 전공이해도를 높이고, 현장체험 보고서나, 강의를 통해 알게 된 내용의 탐구보고서 작성에 활용할 수 있다.

서울대

사회과학 여름 캠프
- 캠프 목적 : 고등학교 1, 2학년 학생들에게 사회과학에 대한 이해를 높이고 사회과학의 위상 확립 및 사회과학 분야 진로선택을 위한 정보습득의 기회 제공
- 캠프 일시 : 여름방학
- 신청 방법 : 학교당 1명, 학교장 추천
- 제출 서류 : 자기소개서, 학교장 추천서, 개인정보동의서, 생활기록부 사본

인문학 캠프
- 캠프 목적 : 예비 고3에게 서울 대학교 및 서울대학교 인문대학에 대한 이해도를 높이고 인문학에 대한 적성을 미리 확인할 수 있는 계기를 제공
- 캠프 일시 : 겨울방학 중(인문대학 홈페이지 게재)
- 신청 방법 : 선착순 400명(서류 심사 160명 선발)
- 제출 서류 : 자기소개서, 개인정보동의서, 캠프 참가 신청서

고려대

〈KU Lecture Ⅱ(전공강의체험교실)〉

‐ 내용 : 학과 교수가 직접 안내하는 전공 소개 및 수준 맞춤 전공 강의 및 재학생이 소개하는 대학생활 안내

‐ 일시 : 겨울방학기간 중

‐ 대상 : 고등학교 재학생 1, 2학년 및 예비 고등학교 1학년

‐ 세부 프로그램

구분	시간	프로그램	진행
오전	09:50 ~ 10:00	인사말	인재발굴처장
		프로그램 소개	입학사정관
	10:00 ~ 11:00	오전 1부 학과 소개	해당 학과 교수
	11:00 ~ 11:10	휴식	-
	11:10 ~ 12:10	오전 2부 학과 소개	해당 학과 교수
	12:10 ~ 12:30	대학 생활 안내	재학생
오후	13:50 ~ 14:00	인사말	인재발굴처장
		프로그램 소개	입학사정관
	14:00 ~ 15:00	오후 1부 학과 소개	해당 학과 교수
	15:00 ~ 15:10	휴식	-
	15:10 ~ 16:10	오전 2부 학과 소개	해당 학과 교수
	16:10 ~ 16:30	대학 생활 안내	재학생

‐ 학과 : 사회학과 영어영문학과, 영어교육과, 경영대학, 한국사학과, 역사교육과, 통계학과

‐ 신청 : 구글 설문지를 통한 온라인 신청. 1일당 오전오후 각 500명

사법연수원 – 법교육 프로그램

사법 연수원에서는 201년 여름방학부터 해마다 여름과 겨울방학 총 2회에 걸쳐 고등학생 법교육 프로그램을 진행하고 있다. 이는 청소년들로 하여금 사법제도 및 사법부의 기능과 역할, 법치주의의 내용과 가치를 이해하여 장차 합리적인 민주시민으로서 성장하도록 돕고, 나아가 진로탐색에 있어서 유용한 기회를 제공하는데 그 목적을 둔다.

또한 진로 탐색에 유용한 기회를 제공하기 위해 해마다 차이는 있지만, '판사와의 대화', '검사와의 대화', '모의재판' 등을 경험을 제공한다. 교육 일시와 자세한 내용은 대한민국법원 홈페이지(http://www.scourt.go.kr) 대국민서비스 중 '새소식'란 또는 사법연수원 홈페이지(https://jrti.scourt.go.kr) '공지사항'란에 게시된다.

- 대상 : 전국 고등학생 100명
- 장소 : 사법연수원
- 참가비 : 무료(점심제공, 숙박제공 안함)
- 참가 신청 제출 서류 : 자기소개서, 보호자 동의서

솔로몬 로파크 법체험 캠프

솔로몬 로파크는 법무부에서 운영하는 국내 최초의 법교육 테마공원으로 일반인들이 법을 쉽고 재미있게 배우고 체험할 수 있는 곳이다. 모의재판, 과학수사실, 모의국회, 법짱마을 등 다양한 법체험 프로그램을 통해 민주시민의 자질과 소양을 자연스럽게 체득할 기회를 준다.

〈고교생 법치세상 캠프 – 대전 솔로몬 로파크〉
- **캠프 목적**

  고교생 대상의 법체험 캠프 운영을 통해 법에 대한 이해를 도모하고 건전한 법치 시민 의식을 함양하고 체험 및 활동형 프로그램을 통해 참여형 교육기회 제공

- **캠프 개요**
  - 참가대상 및 인원 : 전국 고등학교 1, 2학년 대학생 총 240명(캠프별 40명씩 6회)
  - 운영기간 : 연중 6회 실시
  - 참가비용 없음(숙식 및 간식, 교재 등 제공)

- **캠프 내용**

  청소년이 만드는 모의법정, 토론으로 여는 법치세상, 사법기관 견학

연수시간표(1학년)

시 간	1일차	2일차	3일차
1교시 (09:00~09:50)		토론주제에 대한 법류적 고찰	모둠별 토론대회 2
2교시 (10:00~10:50)			
3교시 (11:00~11:50)	등록 및 입교식	안전사고 예장	
점심시간 (12:00~13:00)			
4교시 (13:00~13:50)	반가운 친구들! 서로서로 배려해요!	사법기관 견학	캠프 소감 나누기 및 수료식
5교시 (14:00~14:50)	토론의 기법		출발! 집으로
6교시 (15:00~15:50)			
7교시 (16:00~16:50)	헌법의 정신과 가치		
8교시 (17:00~17:50)		토론으로 여는 법치세상	
저녁식사 (18:00~19:00)			
9교시 (19:00~19:50)	법을 통해 친해지는 우리들!	모둠별 토론대회 1	
10교시 (20:00~20:50)			

★세부 프로그램 일정은 현지 사정에 의해 일부 변경될 수 있음.

연수시간표(2학년)

시 간	1일차	2일차	3일차
1교시 (09:00~09:50)		형사재판에 대한 법적 이론과 실무	모의재판 시연 2
2교시 (10:00~10:50)			
3교시 (11:00~11:50)	등록 및 입교식	안전사고 예장	
점심시간 (12:00~13:00)			
4교시 (13:00~13:50)	반가운 친구들! 서로서로 배려해요!	사법기관 견학	캠프 소감 나누기 및 수료식
5교시 (14:00~14:50)	재판에 대한 이해		출발! 집으로
6교시 (15:00~15:50)			

7교시 (16:00~16:50)	헌법의 정신과 가치	청소년이 만드는 모의재판	출발! 집으로
8교시 (17:00~17:50)			
저녁식사(18:00~19:00)			
9교시 (19:00~19:50)	법을 통해 친해지는 우리들!	모의재판 시연 1	
10교시 (20:00~20:50)			

★세부 프로그램 일정은 현지 사정에 의해 일부 변경될 수 있음.

− 신청 방법

• 신청기간 : 캠프시작 3~4주 전 홈페이지 공지사항에 신청 일정 공지
• 신청방법 : 홈페이지 신청(자기소개서, 교사추천서, 보호자 동의서 첨부)

이외에 부산 솔로몬 로파크에서도 영남권 소재 고등학생을 대상으로 한 동일한 법치세상캠프가 진행되고 있다.

경찰대학 청소년 폴리스 아카데미

경찰을 꿈꾸는 학생들에게는 경찰대학에서 주관하는 '청소년 폴리스 아카데미'에 참여해볼 것을 추천한다. 2000년부터 매년 여름방학에 호신술, 과학수사, 제식훈련 등 경찰 대학 생활 체험 및 리더십 특강 등 청소년들이 범죄에 스스로 대처하고 협동심, 질서 의식을 함양할 수 있도록 다양한 프로그램으로 구성하여 운영되고 있다.

- 모집인원 : 전국 고교생 100명(남 50, 여 50)
- 교육기간 : 하계 방학기간 중(3박 4일간)
- 모집방법 : 대학 자체 계획에 따라 홈페이지 공지
- 교육프로그램

분 류	교육프로그램	시간	교육내용
경찰교육훈련	체포술	2	체포·호신술교육
	팀빌딩 훈련	2	팀빌딩 훈련을 통한 협동심·인내심 강화
	사이버범죄예방	2	사이버범죄 예방 교육
	시뮬레이션 사격	1	시뮬레이션 사격 체험
	수상안전	2	수영 자세·방법 교육
	경찰교육기관 교육	3	112상황실급, 과학수사 등
생활체험교육	입교·수료식	2	입교·수료식, 오리엔테이션 등
	대학소개·시설견학	1	대학 시설견학
	체험 소감문 작성	2	교육 생활을 하며 느낀 점 표현

친교행사	입교생 생활안내 및 자기소개	3	학교생활 소개 및 참여자 자기소개
	교향악단 연주 관람	1	교향악단 연주 관람
	교육단과의 대화	2	교육단과의 대화를 통한 유대감 형성
	송별의 밤	3	교육훈련 노고 격려

유엔협회 세계연맹 청소년캠프(한국)

유엔 협회 세계연맹(The World Federation of United Nations Associations, WFUNA)은 전 세계 100여 개가 넘는 유엔 협회와 수천 명의 회원을 대표하는 기구로, 유엔과 시민사회 간의 원활한 활동과 소통을 위한 중재 역할을 담당하고 있다. WFUNA은 전 세계가 공통으로 직면하고 있는 도전과 기회에 막강한 영향력을 행사하는 유엔의 비전을 존중하고 유엔을 강화시키고 발전시키기 위해 다양한 프로그램, 캠페인, 교육활동을 제공하고 있다.

〈WFUNA Youth Camp : KOREA〉

3일간의 워크숍과 이틀간의 모의 유엔총회로 구성된 프로그램으로 유엔기구 진출 및 외교관을 꿈꾸는 국내외 청소년을 위한 맞춤 세계 시민교육캠프이다. 4박 5일간 영어로 진행되며 유엔 및 지속가능발전목표(SDGs)에 대한 이해를 넓히고 대중연설, 자료조사, 토론 능력 및 협동심과 리더십 함양을 목표로 기획된 캠프이다.

- 일정 및 장소 : 홈페이지 공고
- 대상 : 초등학교 5학년 ~ 고등학교 3학년
- 참가신청 : 온라인 신청(자기소개 및 지원 동기 첨부)
- 참가비 : 대략 100만 원
(강의료, 교재비, 특강비, 식사 및 간식, 보험료, 단체복, 시설사용료 등 일체)

온라인 MICE 연수원(http://www.e-micekorea.or.kr)

MICE는 기업회의(Meeting), 포상관광(Incentives), 컨벤션(Convention), 전시(Exhibition)의 네 분야를 통틀어 말하는 서비스 산업이다. 이는 기업을 대상으로 한다는 점에서 일반 관광산업과는 다르기 때문에 일단 관광산업보다 높은 부가가치가 창출된다. 이러한 융·복합 산업 플랫폼인 MICE산업의 진흥과 인재양성을 위한 '교육플랫폼'이 온라인 MICE 연수원이며 이곳에서는 온·오프라인 교육과정을 제공하고 있다. 따라서 이 분야에 대한 관심이 있는 학생이라면 기본과정 및 공통 소양과정들을 활용해 다양한 탐구 활동을 할 수 있다.

〈기본과정 목차〉

1. MICE 산업 현황 및 최신 동향
2. 컨벤션뷰로의 역할과 국제행사 유치 마케팅
3. 컨벤션 기획/운영 실무와 직무 이해
4. 전시회 기획/운영 실무와 직무 이해
5. 컨벤션센터의 기능과 업무, 시설운영 및 사업현황
6. 컨벤션 등록 및 숙박업무 관리
7. 국제행사의 의전운영 및 관리
8. 식음료 업무와 테이블 매너
9. 행사 기자재 및 시스템 운영과 관리
10. 컨벤션 현장요원 운영 및 관리
11. 여행사 업무와 인센티브 투어 실무 이해
12. 지방도시의 국제행사 유치 성공사례(1)
13. 지방도시의 국제행사 유치 성공사례(2)
14. 성공적인 국제행사 운영사례 분석 및 시사점

〈 공통소양과정 일부〉

스펜서 존슨의 '누가 내 치즈를 옮겼을까' **[10:56]**

변화의 바람이 더욱 거세지면서 개인, 기업...
2020-01-01~2020-12-31   [01차시]

신청하기

로버트 치알디니의 '설득의 심리학' **[16:14]**

스마트화의 촉발은 사회 전반에 혁명적인...
2020-01-01~2020-12-31   [01차시]

신청하기

사람의 기억 속을 파고드는 이미지의 비밀 **[9:43]**

뭔지 모르게 끌리는 상품이나 가게에는 있는...
2020-01-01~2020-12-31   [01차시]

신청하기

십 리를 걷게 만드는 동선의 비밀 **[8:00]**

대형시 쇼핑몰에서 2시간 정도 쇼핑을 할...
2020-01-01~2020-12-31   [01차시]

신청하기

콘텐츠의 미래 **[10:48]**

무엇을 만들 것인가, 그리고 어떻게 연결하...
2020-01-01~2020-12-31   [01차시]

신청하기

라플란드의 밤 **[12:57]**

서스펜스로 가득 찬 서정적이고 지적인 북...
2020-01-01~2020-12-31   [01차시]

신청하기

리더의 명화수업 **[11:00]**

명화로 보는 리더 자신의 길을 개척하고...
2020-01-01~2020-12-31   [01차시]

신청하기

내가 나에게 **[10:52]**

삶의 꿈과 용기로 바꿔준 35가지 가르침...
2020-01-01~2020-12-31   [01차시]

신청하기

고등학생 통계 아카데미(https://sti.kostat.go.kr)

- 교육목표 : 팀별 프로젝트 학습을 통한 통계적 문제 해결과정 체험 및 통계 이해도 제고
- 교육대상 : 통계에 관심 있는 전국의 고등학생
- 교육인원 : 기당 각 30명(총60명)
- 교육기간 : 여름방학 중
- 교육장소 : 통계교육원(대전)
- 참가비용 : 교육비 및 숙박비 무료, 단, 식비 개별 부담(2만 원 선)

구 분	1일 차	2일 차
09 : 10 ~ 10 : 00 (1교시)	오리엔테이션 (제1강의실, 3F)	분임별 과제수행 (분임실)
10 : 10 ~ 11 : 00 (2교시)	카카오톡 속의 우리 모습 (제1강의실, 3F)	
11 : 10 ~ 12 : 00 (3교시)		
12 : 00 ~ 13 : 10	중 식	
13 : 10 ~ 14 : 00 (4교시)	'통그라미'를 활용한 통계분석 (제1강의실, 3F)	과제발표 및 강평 (제1강의실, 3F)
14 : 10 ~ 15 : 00 (5교시)		
15 : 10 ~ 16 : 00 (6교시)	통계와 인성, 창의성 (제1강의실, 3F)	설문조사 및 수료식 (제1강의실, 3F)
16 : 10 ~ 17 : 00 (7교시)		
17 : 10 ~ 18 : 00 (8교시)		♣

18 : 10 ～ 19 : 00	석 식	
19 : 10 ～ 20 : 00 (9교시)	분임별 과제수행 (분임실)	♣
20 : 10 ～ 21 : 00 (10교시)